Les tableaux de bord RH

Construire, mettre en œuvre
et évaluer le système de pilotage

Groupe Eyrolles
61, bd Saint-Germain
75240 Paris Cedex 05

www.editions-eyrolles.com

© Groupe Eyrolles, 2007, 2014
ISBN : 978-2-212-55835-7

Joëlle IMBERT

Les tableaux de bord RH

Construire, mettre en œuvre
et évaluer le système de pilotage

Deuxième édition 2014

EYROLLES

« Prenez-moi tout mais laissez-moi
mes hommes et je reconstruirai. »

Henry FORD

Sommaire

II

Définir les indicateurs RH

III

Construire les outils de pilotage

IV

Évaluer le système de pilotage et en assurer le succès

Table des tableaux et schémas

Introduction

Ce livre repose sur une conviction et un constat. La conviction est qu'au sein de l'économie moderne, la fonction ressources humaines est appelée à jouer un rôle majeur, bien supérieur à celui qu'elle assure encore aujourd'hui dans la plupart des entreprises. Le constat est que, contrairement aux autres fonctions, la majorité des professionnels RH ne possèdent pas d'outils de pilotage et de mesure qui permettent de vérifier l'impact réel des actions RH, tant sur le résultat et la compétitivité de l'entreprise que sur l'employabilité des salariés. Le but de cet ouvrage est d'aider les experts et les managers de la fonction à mettre en place un système de mesure qui démontre sans équivoque l'impact de la stratégie et des pratiques RH sur la création de valeur.

« *Les hommes et les femmes de l'organisation sont la plus grande richesse de l'entreprise.* » Cet aphorisme tant de fois réitéré dans les discours managériaux prend en ce début de XXIᵉ siècle une signification toute particulière. La vocation première de l'entreprise a toujours été de générer du profit. En cela rien de nouveau. Ce qui évolue, c'est le contexte dans lequel s'inscrivent cette mission et les conditions pour y parvenir. Les entreprises, et notamment celles des pays les plus industrialisés, sont aujourd'hui jugées non seulement sur leur aptitude à créer de la valeur – à court, moyen et long terme – pour l'ensemble de leurs partenaires – investisseurs, clients, fournisseurs et salariés –, mais également sur leur capacité à respecter des règles d'éthique, d'environnement et d'équilibre social exigées par la communauté nationale et internationale. Confrontée à ce cumul d'exigences, engagée dans une course à la compétitivité planétaire, la gestion des entreprises devient de plus en plus complexe.

> Au sein même de cet enjeu, l'émergence de l'économie
> de la connaissance réaffirme et accentue l'importance
> du capital intellectuel et humain.

Les entreprises les plus performantes sont à l'évidence celles qui attirent, retiennent et développent les talents indispensables pour innover et générer des produits et services à haute valeur ajoutée. La notion de talent est à considérer dans sa globalité ; il s'agit pour l'entreprise non seulement de rassembler des managers de haut niveau aptes à élaborer et à déployer les stratégies les plus performantes, mais également de pouvoir compter sur le niveau d'excellence de l'ensemble des professionnels de l'organisation – commerciaux, techniciens, chercheurs, gestionnaires… quels que soient leur spécialité ou leur niveau de responsabilité.

Au-delà de la problématique de l'entreprise, c'est le développement économique de chaque nation qui est en jeu, la capacité des pays à délivrer des compétences intellectuelles et un savoir-faire supérieur ou au moins égal aux autres. Dans son combat quotidien pour préserver l'emploi, l'Europe et, en ce qui nous concerne plus particulièrement, la France ont à démontrer la valeur ajoutée de leur main-d'œuvre face à l'offre des pays industriels émergents.

> Ainsi, assujettie à la dynamique d'acquisition, d'évolution
> et de circulation des savoirs en tout genre, la réussite de
> l'entreprise repose sur sa capacité à mobiliser l'énergie
> et l'intelligence collective.

Les politiques et les pratiques GRH ont toujours eu cette vocation. La part prépondérante des ressources intellectuelles dans la nouvelle économie propulse la fonction RH au cœur même des enjeux stratégiques. De son efficacité dépendent en grande partie le résultat et la pérennité de l'entreprise. Il ne s'agit plus alors pour les spécialistes de la fonction de s'engager seulement sur la qualité et le coût des politiques RH mises en œuvre, mais bien sur leur résultat. Ce nouveau degré d'exigence s'inscrit dans le cycle d'évolution entamé depuis plus de trente ans par la fonction RH.

Considérée jusque dans les années 1970 comme exerçant un rôle essentiellement technique et administratif, elle entame sa révolution dans les années 1980. Engagée dans la recherche de productivité et soutenue par le déploiement des nouvelles technologies de l'information, elle se réorganise pour gagner en efficacité. L'objectif est alors d'offrir un meilleur service interne au moindre coût. Dans les années 1990, elle tente, avec plus ou moins de facilité, d'intégrer la dimension de *business partner*. Les actions RH appuient la réalisation des objectifs opérationnels. Le but n'est plus de mettre en place des pratiques répondant à des phénomènes de mode, mais de s'aligner sur les besoins réels du *business*. Ainsi, le travail actuel des professionnels RH, qu'il s'agisse d'experts, ou de responsables terrain, n'a plus grand-chose à voir avec celui exercé par les anciens de la fonction. Ces différentes étapes ont été nécessaires. Elles permettent aujourd'hui à la GRH d'entamer une nouvelle révolution qui lui permettra de se positionner non plus comme une fonction de support, mais comme un réel partenaire stratégique, au même titre que le marketing, les finances, la R&D et les directions opérationnelles.

L'attribution d'un siège au comité de direction, depuis longtemps acquis par certains, ne suffit pas à démontrer la réelle implication de la DRH dans la stratégie et l'atteinte des résultats. Il s'agit, pour affirmer son rôle dans la réussite de l'entreprise, de démontrer les capacités d'anticipation, de créativité, d'adaptation et, enfin, de résultat. Poussées par le souci d'efficacité et portées par les progrès technologiques dans le domaine des SIRH, les grandes entreprises internationales se sont dotées ces dix dernières années d'outils de contrôle de la performance RH. La construction est généralement confiée à des experts internes, notamment des contrôleurs de gestion sociale. Bien que bénéficiant de systèmes informatiques performants, ces derniers se heurtent encore aujourd'hui à des difficultés techniques et culturelles liées en particulier à l'harmonisation des pratiques de GRH et à l'homogénéité et la fiabilité des données collectées. La grande majorité des autres entreprises ne bénéficient pas encore de tels outils, tout reste à construire.

L'objet de ce livre est d'accompagner les managers, les DRH et les professionnels de la fonction dans cette évolution en proposant une méthodologie de pilotage et de contrôle qui permette d'aligner les actions RH sur les enjeux stratégiques de l'entreprise et d'en contrôler les résultats.

La première partie du livre s'attache au positionnement de la fonction RH au sein de l'entreprise et de la nouvelle économie et aux conditions de mise en œuvre d'un système de pilotage. En 2006, le président de la Commission européenne, José Manuel Barroso, invité à l'université d'été du Medef aborde la question de la conciliation entre la compétitivité mondiale et la cohésion économique et sociale. Il s'agit pour l'Europe de gagner le pari de la croissance et de l'emploi. Les entreprises ont un rôle majeur à jouer pour « concilier l'inconciliable », affronter les enjeux économiques et humains de la mondialisation. L'adaptation rapide des connaissances, la flexibilité nécessaire aux évolutions des marchés et des technologies peuvent-elles faire bon ménage avec la sécurité et l'employabilité des salariés ? C'est, notamment, par la pertinence de leurs stratégies RH que les entreprises trouveront une réponse aux exigences économiques et sociales de la nouvelle économie. Le défi est de taille, les erreurs de management du capital humain peuvent affecter durablement le développement de l'entreprise et la sécurité des salariés. Plus que jamais, les responsables RH ont à se doter d'outils de pilotage et de mesure de performance. Comment mesurer l'efficacité des politiques et des pratiques RH ? Quels sont les freins culturels et techniques à la mise en place d'un système de mesure ? Quelles sont les sources d'information nécessaires au système de contrôle ? Autant de questions auxquelles il est nécessaire de s'intéresser avant d'entamer une démarche de pilotage.

La deuxième partie s'attache à la particularité du système de mesure RH. Du bilan social au pilotage de la valeur globale, il existe un large éventail d'indicateurs. Que cherche-t-on à mesurer et pour quelles finalités ? Longtemps centrés sur le contrôle de la gestion sociale, puis sur la performance des processus, les professionnels de la fonction ont tout intérêt aujourd'hui à démontrer leur contribution à la création de valeur économique, intellectuelle et sociale. Comprendre et démontrer le rôle des actions RH sur la création de valeur devient possible. La performance du capital humain repose essentiellement sur l'efficacité de la stratégie et des moyens en ressources humaines. La composante humaine et sociétale de l'entreprise vient équilibrer le volet financier. La contribution des RH aux performances de l'entreprise est évidente, les choix d'investissements sont lourds de conséquences. Il s'agit pour la fonction RH de prendre la pleine mesure de son rôle dans la création de chaîne de valeur.

La troisième partie concerne la méthodologie de mise en place du système de pilotage. Ce dernier poursuit plusieurs finalités : il permet de vérifier l'impact des actions sur le déploiement stratégique et de contrôler l'efficacité et la rentabilité des actions engagées ; il accompagne la professionnalisation des fonctions RH en indiquant, en permanence, les sources d'amélioration ; il potentialise la mobilisation des équipes RH autour d'objectifs communs de création de valeur, encourage l'interaction et la concertation des experts de la fonction ; enfin, il favorise l'anticipation des enjeux RH en contrôlant l'évolution des tendances sur de longues périodes ou en comparant les données RH de l'entreprise à l'extérieur. La démarche que nous proposons doit répondre à l'ensemble de ces finalités. Elle repose sur l'élaboration et le déploiement des plans d'action RH et des tableaux de bord correspondants. Les besoins de suivi et de contrôle ne sont pas les mêmes selon qu'ils concernent la direction générale, les directions opérationnelles, la DRH ou ses centres d'expertise. L'outil de pilotage garantit la cohérence des actions RH engagées par l'ensemble des experts et des managers, tout en répondant aux besoins spécifiques des différentes entités opérationnelles. Ainsi, certains indicateurs RH seront identiques tout au long de la chaîne de management, d'autres seront propres aux nécessités de management du métier ou de l'activité gérée.

Dans la quatrième partie du livre, nous nous intéresserons aux conditions de succès et aux moyens à mettre en œuvre pour évaluer l'outil de pilotage. La pertinence des indicateurs retenus constitue l'un des facteurs clés de succès du système. L'efficacité de l'outil de pilotage et de contrôle du management des RH fournit des informations qui seront utilisées pour démontrer l'efficacité de la politique engagée. Le système de mesure sert alors le marketing des fonctions RH. Dès lors que la démarche est maîtrisée et que les résultats constatés correspondent aux attentes de l'entreprise et de ses salariés, ils deviennent un argument pour attirer et retenir les talents, rassurer le management, sécuriser les clients et les actionnaires. Les membres du personnel, et en particulier les jeunes générations qui développent une certaine méfiance vis-à-vis de l'entreprise, ne se contentent plus de beaux discours, ils demandent des preuves. Démontrer l'efficacité de la stratégie RH n'est pas sans impact sur la motivation et l'engagement du personnel.

De nombreux managers et professionnels RH demeurent convaincus qu'il est extrêmement difficile, voire utopique, de chercher à établir un lien direct entre une action RH et un résultat opérationnel, économique ou financier. En France, notre culture humaniste entre en conflit avec la valorisation économique de ce qui touche à l'humain. Nous préférons reconnaître le qualitatif plus que le quantitatif, l'effort et l'expertise plus que le résultat. Nous essaierons de démontrer que la démarche de pilotage et de contrôle de performance RH est possible, qu'elle sert tout autant les intérêts de l'entreprise que ceux de ses salariés et respecte les valeurs de notre profession. Elle s'inscrit dans l'évolution actuelle de l'économie en répondant aux nouvelles exigences de gouvernance de l'entreprise et aux attentes des salariés.

Piloter et contrôler la stratégie RH favorise l'innovation,
la compétitivité, la réussite et la pérennité de l'entreprise qui
ne saurait exister sans le développement, l'engagement
et la motivation des hommes et des femmes de l'organisation.
C'est participer pleinement à la création de valeur pour
l'entreprise et ses salariés.

I

Les défis humains de l'entreprise : génération de profit, satisfaction client et employabilité

« Plus un système est varié, plus le système qui le pilote doit l'être aussi[1]. »

William Ross Ashby

---

1. Loi de la variété requise.

Concilier toutes les exigences

L'accélération des progrès technologiques dans un environnement hautement concurrentiel propulse les entreprises dans une course à l'innovation et à l'investissement. La pression des marchés financiers les oblige à optimiser en permanence leur rentabilité pour satisfaire les actionnaires. Les entreprises n'ont pas le choix. Leur survie dépend de la capacité à gérer ces deux impératifs, innovation et rentabilité, interdépendants et néanmoins souvent conflictuels. On sait que la recherche de profit à court terme s'accompagne, souvent, de réductions de coût ou d'opérations de restructurations qui peuvent à terme menacer la capacité de créativité de l'entreprise. Le manager devient un équilibriste. Dans cet exercice périlleux, il doit pouvoir compter sur l'efficacité et la réactivité de son organisation, et tout particulièrement sur la capacité d'adaptation et d'engagement de l'ensemble du personnel. Ceci ne peut se faire, et se fera de moins en moins, sans que les salariés y trouvent eux-mêmes leur propre intérêt. Au-delà de sa finalité économique, l'entreprise demeure une communauté d'hommes et de femmes qui viennent y chercher une source de développement professionnel et personnel.

Peut-être plus que toute autre fonction, la direction des ressources humaines se situe au confluent des exigences, celles du client qui recherche les solutions les plus innovantes, de l'investisseur qui attend un juste niveau de profit, du salarié qui veut réaliser son projet professionnel et, à terme, préserver son employabilité dans un climat de travail satisfaisant. C'est, au côté de la direction générale, la fonction chargée de satisfaire et concilier l'ensemble de ces intérêts à court terme mais aussi dans la continuité.

Face à ce défi, quel est aujourd'hui le positionnement de la fonction RH dans la chaîne de création de valeur, quels sont ses moyens et ses résultats ?

Une fonction créatrice de valeur

Soucieuse des impératifs de productivité, la fonction RH est-elle en train de scier la branche sur laquelle elle est assise ? Lorsque toutes les tâches administratives auront été externalisées, les domaines d'expertises centralisés ou sous-traités, et que les salariés trouveront sur le Web la réponse à leurs problèmes de carrière, que restera-t-il de la fonction ? Justement, l'essentiel, c'est-à-dire l'ensemble des activités RH génératrices de valeur pour l'entreprise et pour chaque salarié.

En 1995, Lyle M. Spencer[1] estimait que 60 % de la valeur ajoutée de la RH s'appliquait à son rôle stratégique. La fonction n'y consacrait alors que 10 % de son budget. Depuis, la montée en puissance des technologies de l'information a favorisé l'évolution des méthodes et amélioré les capacités opérationnelles. Les fonctions RH ont pu compter sur la technologie pour gagner en efficacité. Les tâches administratives, les lourdeurs liées au traitement des documents papiers, les processus redondants ont progressivement disparu. Outre les commodités d'accès et de partage de l'information, les possibilités d'informatisation des outils RH facilitent aujourd'hui le déploiement de pratiques et permettent d'en contrôler la bonne application. Qui plus est, les capacités d'accès aux indicateurs de résultats financiers et non financiers rendent possible le suivi de performance des actions RH engagées.

---

1. Lyle M. Spencer, *Reengineering Human Ressources*, Wiley, 1995.

Il reste à comprendre comment mesurer cette efficacité. La fonction RH génère de la valeur, et ses résultats doivent être mesurés. Il s'agit donc bien d'identifier les indicateurs de résultat, révélateurs de création de valeur !

La notion de valeur globale

Pour répondre à cette question, il faut revenir à la signification même du concept de création de valeur, d'abord pour l'entreprise et, en son sein, pour la fonction RH. La notion de valeur est communément associée à celle de profit économique. Cette acception renvoie aux obligations financières de l'entreprise, elle correspond à ses propres nécessités de financement et à la génération de profit pour ses actionnaires. C'est l'une des résultantes visibles d'un ensemble de « valeurs » interdépendantes, telles que :

• **La valeur intellectuelle.** C'est la richesse du capital intellectuel de l'entreprise : les connaissances, expertises et savoir-faire exprimés au travers des services et des produits. La somme des connaissances disponibles dans le monde et leur complexité ne cessent de croître. L'avènement d'Internet, l'évolution des systèmes de traitement des données, la téléphonie mobile… ont accéléré le processus. Le nombre d'articles scientifiques publiés chaque année dans le monde croît de façon exponentielle : 9 000 en 1900, 90 000 en 1950, 900 000 en 2000. La masse de connaissances disponibles dans le monde double tous les sept ans, le processus continuera de s'accélérer. En 2050, elle devrait doubler tous les trois mois. Si l'on pouvait aligner sur une même étagère tous les nouveaux livres publiés dans le monde, il faudrait avancer à 140 km/h pour suivre leur progression. L'entreprise doit apprendre à maîtriser la somme des connaissances qui lui sont nécessaires pour s'adapter. La valeur intellectuelle devient un élément clé de la compétition.

Toute société a besoin de compétences humaines pour valoriser ses capitaux, et de capitaux pour exprimer ses compétences. Ainsi, des entreprises telles que Microsoft ou Google, grâce aux bénéfices financiers réalisés, génèrent la création de nouveaux domaines de savoir et de compétence qui vont favoriser l'emploi de milliers de salariés et révolutionner les modes de communication professionnels et personnels. Les compétences ainsi développées vont à leur tour renforcer le capital de l'entreprise. Elles vont s'étendre au-delà de l'entreprise et créer des emplois dans le secteur des services.

Les États-Unis, le Japon, la Suède investissent près de 10 % de leur PIB dans le développement du capital intellectuel en vue de développer les savoirs et les savoir-faire indispensables à la compétitivité des entreprises. Celle-ci, au-delà d'une concurrence basée sur les coûts, dépend essentiellement de la force créative et de la capacité d'innovation des ressources humaines.

- **La valeur sociale.** C'est la sécurité, la confiance dans l'avenir que génère l'entreprise en préservant l'emploi, l'environnement et les bénéfices financiers. L'influence excessive des marchés financiers, qui visent la génération de profits à court terme, conduit à une création de valeur qui peut s'avérer importante, mais souvent éphémère et contre-productive à long terme pour l'entreprise, ses salariés et, finalement, ses actionnaires. La valeur « sécurité », qui s'exprime notamment au travers des politiques de développement durable, concerne de plus en plus les jeunes générations beaucoup plus sensibles à ces sujets que leurs aînés. Les entreprises sont jugées sur leurs responsabilités économiques, sociales et environnementales, non seulement par les salariés, les clients, mais également par les actionnaires. Une bonne gouvernance se doit d'intégrer le rôle social de l'entreprise. Aujourd'hui, les deux tiers des entreprises ont mis en place une stratégie de développement durable, mais la moitié seulement s'est fixé des objectifs de développement chiffrés. Il s'agit de trouver le point d'équilibre entre la performance économique et la responsabilité sociale. Un vaste chantier pour la communauté RH internationale.

En 2006, lorsqu'il s'associe à la Grameen Bank du professeur Muhammad Yunus pour créer la Grameen Danone Food, Franck Riboud, PDG du groupe Danone, ne perd pas de vue sa mission d'entrepreneur. La moitié des 90 000 employés du groupe Danone travaille en Asie Pacifique, et Danone détient environ 100 usines dans cette région du monde. La nouvelle société basée au Bangladesh a pour vocation de proposer une alimentation saine aux populations défavorisées souffrant de carences nutritionnelles. *« C'est grâce aux bons résultats financiers du groupe que l'on peut se lancer dans de tels projets, à la fois sociétaux et économiques. Ce n'est pas de la charité. Nous voulons développer au Bangladesh un vrai* business model *pérenne. Et si l'on réussit là-bas, on réussira ailleurs !* », déclare le PDG de Danone. Le cycle vertueux sera enclenché : réduction de la pauvreté, création d'emplois, donc accès à une alimentation saine pour des populations souffrant de malnutrition. En 2012 plus de 100 000 yaourts, les « Shokti doi » produits par la GDF Ltd, sont vendus chaque jour dans les villages du Bangladesh. Les résultats d'une étude réalisée en novembre 2011 pour l'Alliance mondiale pour une meilleure nutrition (GAIN) démontraient l'impact positif de leur consommation sur le développement physique et cognitif des petits Bangladais âgés de 5 à 12 ans.

Ce projet est générateur d'enthousiasme et de motivation pour les salariés du groupe. Le concept qui s'inscrit dans les valeurs de l'entreprise renforce le sentiment d'appartenance et de fierté des salariés. *« Le meilleur moyen de nous aider, c'est de tenir vos objectifs »*, leur rappelle Franck Riboud.

• **La valeur « satisfaction ».** Il s'agit de la satisfaction des clients en répondant efficacement à leurs attentes ; de celle des salariés en leur offrant la possibilité de conjuguer travail et épanouissement professionnel, de celle des fournisseurs et de la communauté économique et sociale, en préservant leur développement et leur équilibre.

Selon Microsoft, « conquérir un nouveau client coûte cinq fois plus cher que garder un client existant. Qui plus est, le volume d'affaires généré par un client existant a tendance à augmenter au fil du temps ». La satisfaction du client est une des clés de la réussite économique de l'entreprise. En cela rien de nouveau. La mondialisation de la concurrence et la rapidité d'évolution des technologies changent la donne. Face à l'offre mondiale, le client peut acheter ce qu'il veut, où il veut, et décider de changer plusieurs fois de fournisseurs si cela lui convient. Le monde compte 12 millions de chercheurs, 110 000 revues scientifiques, un million de brevets sont déposés chaque année. Dans le domaine numérique, pour ne citer que lui, chaque nouveau produit est dépassé en quelques mois par un produit plus performant, ce sont les « Kill app », chaque génération cherchant à anéantir la précédente. Comme le commente Marc Giget, responsable des Mardis de l'innovation au CNAM : « Aujourd'hui, les technologies sont de plus en plus accessibles, la science également… Le monde réel n'est pas constitué de cibles ou de marchés ou de champs d'applications, mais d'hommes. Les hommes sont au début et à la fin de l'innovation. Ils l'alimentent par leurs rêves, car, comme disait Einstein, l'imagination est plus importante que la science. » Ce qui change dans l'économie actuelle, ce n'est pas la nécessité d'adaptation, c'est le rythme des changements.

La conduite du changement devient un des enjeux clés de la fonction RH. Les compétences et les modes d'organisation évoluent et doivent pouvoir être remis en cause aussi rapidement que le marché l'impose. La capacité de changement, et donc la satisfaction du client, dépend de la mobilisation des équipes, de leur capacité à accepter et à intégrer le changement. Il existe souvent un lien étroit entre la fidélisation des clients et celles des collaborateurs. Le turnover des salariés coûte cher à double titre : le coût de remplacement direct d'un collaborateur peut varier de 6 à 36 mois de salaire ; il impacte directement le résultat de l'entreprise, au travers notamment de la fidélisation des clients, de la baisse de productivité ou de la perte de savoir-faire.

L'entreprise doit conjuguer flexibilité et fidélisation. Dans un marché de pénurie de main-d'œuvre et de qualification, la stratégie RH vise à attirer et à retenir les talents. Il s'agit de mettre en place les conditions de satisfaction des collaborateurs afin, *in fine*, de satisfaire les clients. Pour mener à bien sa mission, la DRH doit avoir un temps d'avance sur les nécessités d'adaptation en se tenant informée de l'évolution des attentes des clients. Jusque-là essentiellement centrée sur la satisfaction des clients internes, la fonction RH ouvre ses champs d'investigation et centre sa veille technologique sur les attentes des clients externes. La valeur de son action réside dans l'anticipation des besoins en compétences.

La performance économique de l'entreprise est très directement liée à la satisfaction de ses salariés. La qualité des relations sociales est un enjeu majeur pour la direction des ressources humaines. Au-delà des rapports avec les partenaires sociaux, il s'agit de créer des conditions de confiance entre managers et employés qui favorisent l'engagement, l'autonomie, l'initiative et la responsabilité individuelle et collective.

Profit financier, connaissances, satisfaction, pérennité constituent le réseau de valeur de l'entreprise actuelle. L'aboutissement du processus de création de valeur passe par la performance économique de l'entreprise dans la durée. Les moyens de la création de valeur sont liés à la satisfaction de ces différents partenaires. L'équilibre entre ces différentes formes de valeur est indispensable à la dynamique et la performance de l'entreprise. Il ne doit pas y avoir d'antagonisme entre la création de valeur économique et la création de valeur intellectuelle ou sociale. La nouveauté ne repose pas sur l'existence de ces valeurs – qui ont de tout temps cohabité dans l'entreprise –, mais bien sur la capacité du management à les conjuguer en respectant les impératifs d'adaptation et de durée.

Pour s'adapter à la compétitivité internationale, les entreprises ont généré des modes de fonctionnement managériaux centrés sur la performance boursière. Stimulés par les pratiques de stock-options, certains managers ont perdu la boussole du temps. Il devient nécessaire, pour renouer avec la profitabilité à long terme et assurer l'équilibre économique et social, de réorienter les pratiques de management, et notamment celles liées aux ressources humaines. Les professionnels RH doivent aider le management à développer la valeur globale de l'entreprise.

```
        ┌──────────────┐          ┌──────────────┐
        │    Valeur     │          │    Valeur     │
        │  économique   │◄────────►│ intellectuelle │
        │ Profits financiers │     │   Expertises   │
        └──────────────┘          └──────────────┘
```

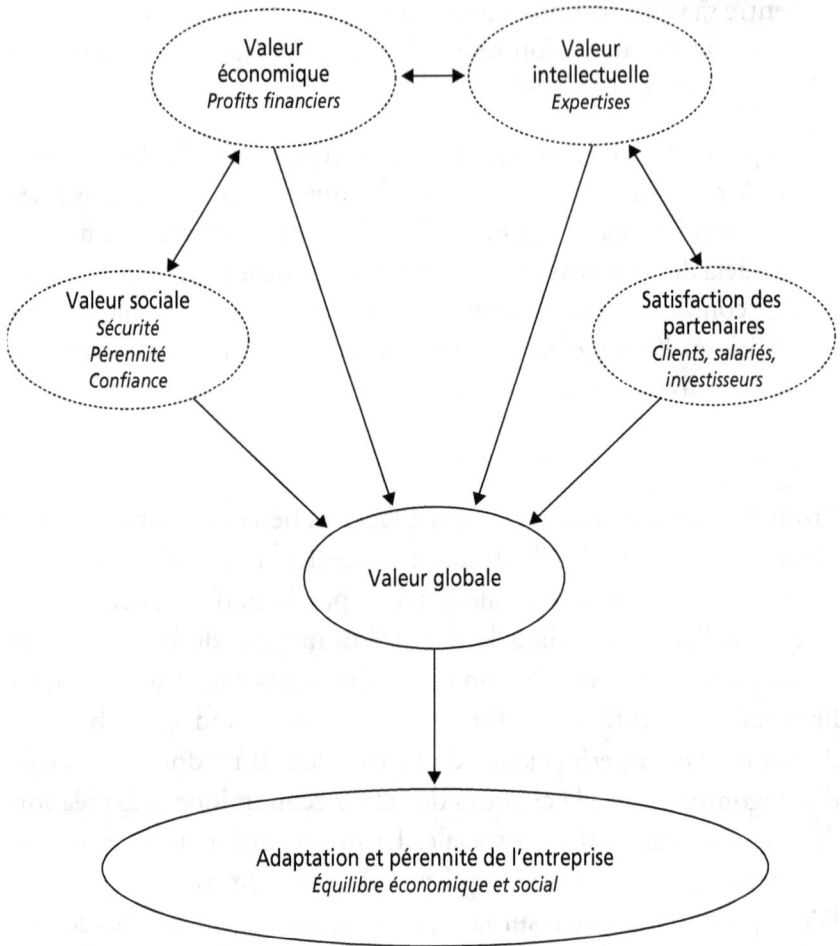

La notion de valeur globale

Dans un contexte économique éminemment concurrentiel, toutes les fonctions de l'entreprise doivent se sentir investies et responsables de la création de valeur globale. La contribution de la fonction RH à cette chaîne de valeur est incontestable. Elle apparaît de façon évidente pour tout ce qui concerne la richesse intellectuelle et l'équilibre social. Elle concerne tout autant le profit économique et la satisfaction des parties prenantes de l'entreprise.

> En favorisant le développement d'une culture de la pleine valeur, en recrutant et formant les talents nécessaires à sa réalisation, les professionnels de la fonction sont directement impliqués dans la réussite économique de l'entreprise.

Les politiques, les plans d'action RH mis en œuvre par les équipes RH et par l'ensemble des activités opérationnelles doivent concourir clairement à la génération de ces valeurs et à leur équilibre.

Le système de pilotage permet à la DRH de contrôler sa contribution à la création de « valeur globale » et de mesurer son efficacité sur chacun des paramètres. Nous verrons dans les chapitres suivants que les indicateurs de performance RH concernent aussi bien la génération de profit que l'enrichissement des connaissances, la satisfaction des clients ou le développement durable.

Le sentiment de valeur

Recruter de bons potentiels, construire d'excellents programmes de formation, mettre en place des entretiens annuels sont autant d'actions qui, *a priori*, contribuent à générer de la valeur. Pour avoir passé plus de vingt ans dans les entreprises, mis en place ou conseillé l'adoption de systèmes RH qui se voulaient « plus performants les uns que les autres », j'ai souvent constaté un écart important entre l'intention de « bénéfice » pour le client et le résultat constaté. Pour éviter cet écueil, il s'agit de focaliser les efforts non sur la qualité intrinsèque des outils ou processus RH, mais sur leurs résultats. Ces derniers étant appréciés par les différents bénéficiaires de la stratégie ressources humaines.

Le sentiment de « valeur », tout comme le sentiment amoureux, ne dépend pas de celui qui émet, mais de celui qui reçoit. *« Il n'y a pas d'amour, il n'y a que des preuves d'amour »*, écrivait Claude Roy[1]. De la même façon, on peut dire que c'est la preuve de valeur, constatée par celui qui la reçoit, qui en confirme l'existence.

> Il ne s'agit donc pas pour la fonction RH d'être convaincue de créer de la valeur, mais de s'assurer que les actions conduites sont perçues comme créatrices de valeur par ceux auxquels elles sont destinées. Le système de mesure RH permet de démontrer la contribution de la fonction et de communiquer clairement les résultats.

Les bénéficiaires de la création de valeur RH

La DRH fait partie des fonctions dites de support. À ce titre, la direction générale et les managers de l'entreprise sont les « clients internes » de la fonction RH. Ils utilisent son expertise pour gérer les équipes et atteindre les objectifs opérationnels. C'est le rôle de business partner. Le premier bénéficiaire de la création de valeur RH est l'entreprise elle-même.

Pour appréhender la création de valeur de la fonction et déterminer des indicateurs de mesure pertinents, il est important d'identifier les bénéficiaires finaux et les résultats correspondants attendus des processus RH.

L'actionnaire

La génération de profit, outre les opérations financières spécifiques, repose en majeure partie sur la pertinence des choix stratégiques, l'efficacité du système de gouvernance, l'adaptation des ressources,

---

1. *La Fleur du temps*, journal 1983-1987, Folio n° 2388.

notamment des ressources intellectuelles. En agissant sur la qualité même du management, la DRH exerce une responsabilité non négligeable sur la capacité de l'entreprise à produire des résultats. D'une façon générale, la fonction RH favorise l'acquisition et l'adaptation des compétences de l'ensemble du personnel et contribue à la mise en place des capacités organisationnelles. Elle exerce ainsi un rôle réel sur l'efficacité de l'organisation. En optimisant les structures de rémunération et en contrôlant les évolutions de la masse salariale, elle garantit l'efficacité des ressources intellectuelles investies. Sa contribution au résultat financier dépend bien plus de l'efficacité de sa politique dans ces domaines que des économies de coût qu'elle peut être amenée à réaliser sur son propre fonctionnement.

Pour préserver un rendement économique à long terme, les investisseurs exigent plus de transparence des entreprises. Celles-ci doivent fournir non seulement des éléments d'évaluation concernant les rendements du capital à court et moyen terme, mais également une analyse équilibrée des résultats de l'entreprise qui tiennent compte de ses responsabilités sociales et de son orientation client.

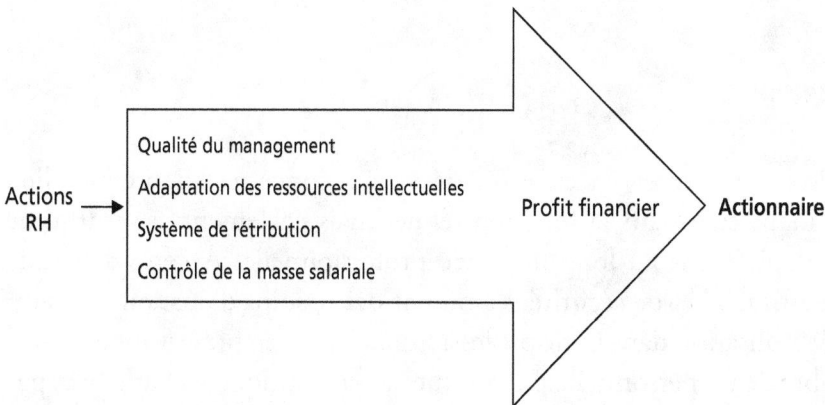

Actions RH →

Qualité du management

Adaptation des ressources intellectuelles

Système de rétribution

Contrôle de la masse salariale

Profit financier

Actionnaire

Le client

Pour satisfaire ses clients, l'entreprise compte sur la capacité d'innovation, d'adaptation et de réactivité de ses équipes. Les processus RH, tels que le management de la performance et des talents, peuvent créer de réels avantages concurrentiels. Il s'agit de générer la motivation, le professionnalisme et l'engagement qui positionnent l'entreprise à un niveau d'excellence sur son marché et en fait un partenaire de choix pour ses clients.

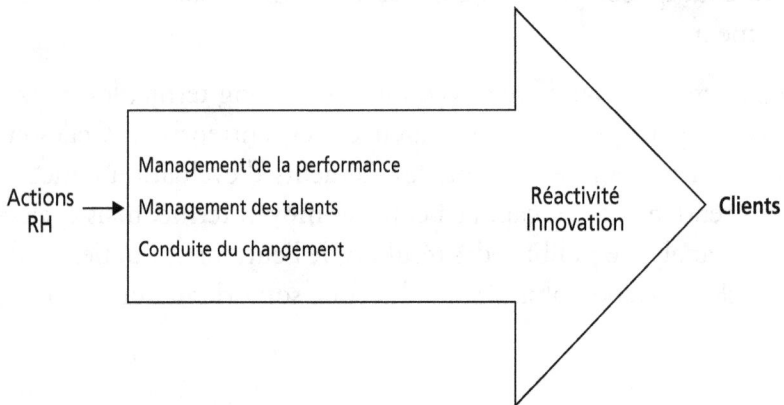

Actions RH → | Management de la performance / Management des talents / Conduite du changement → Réactivité Innovation → Clients

Le salarié

Pour ce dernier, la création de valeur concerne en premier lieu l'adaptation dans la fonction tenue, mais également la sécurité de l'emploi tout au long de la vie professionnelle. À cette demande d'efficacité et de sécurité, s'ajoutent des besoins d'épanouissement, de réalisation dans la vie professionnelle, tout en préservant un équilibre de vie personnelle. Les promesses de politique RH affichées par l'entreprise au moment du recrutement sont prises très au sérieux par le collaborateur et génèrent de nombreuses frustrations lorsqu'elles ne sont pas suivies d'effets. Dans le monde professionnel actuel, la relation donnant-donnant plébiscitée par les nouvelles générations accentue le phénomène. L'efficacité des actions RH, de la politique de formation et de gestion de carrière exercent un réel impact sur la relation de confiance et d'engagement que le salarié démontre vis-à-vis de son entreprise.

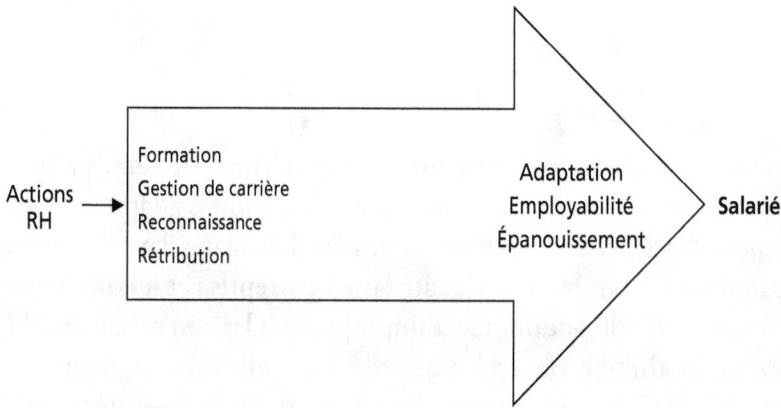

```
                                              Adaptation
Actions  →   Formation                        Employabilité      Salarié
  RH         Gestion de carrière              Épanouissement
             Reconnaissance
             Rétribution
```

L'environnement social

Les conséquences de la politique RH sur l'employabilité au niveau d'une ville, d'une région ou d'un pays, et donc sur les équilibres socio-économiques, dépassent les intérêts spécifiques de l'entreprise. La DRH est également directement impliquée dans la responsabilité sociale de l'entreprise, non seulement sur les problématiques liées à l'emploi, à l'adaptation des compétences, à l'allongement de la vie professionnelle, aux respects des différences, mais également pour tout ce qui touche à la santé des salariés et des citoyens, et à la préservation de l'environnement au sens large.

```
                Responsabilité sociale        Équilibre social
Actions  →                                         Santé          Environnement
   RH                                              Emploi            social
                Développement durable
```

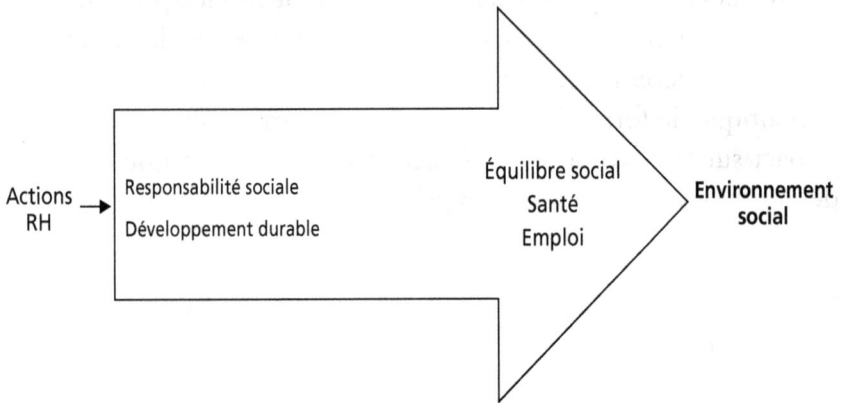

Dans tous ces domaines, les équipes RH doivent démontrer non seulement leur engagement à conduire des politiques adaptées, mais également l'efficacité des actions engagées. Les plans d'action et les indicateurs reflètent le souci de satisfaire l'entreprise et les différents bénéficiaires de son action. Ceci implique que les responsables RH dépassent la dimension technique de leur mission, et même la notion de « service » aux opérationnels, pour développer une réelle vision stratégique et se doter d'outils de pilotage afin de contrôler leur création de valeur vis-à-vis de ces différents bénéficiaires.

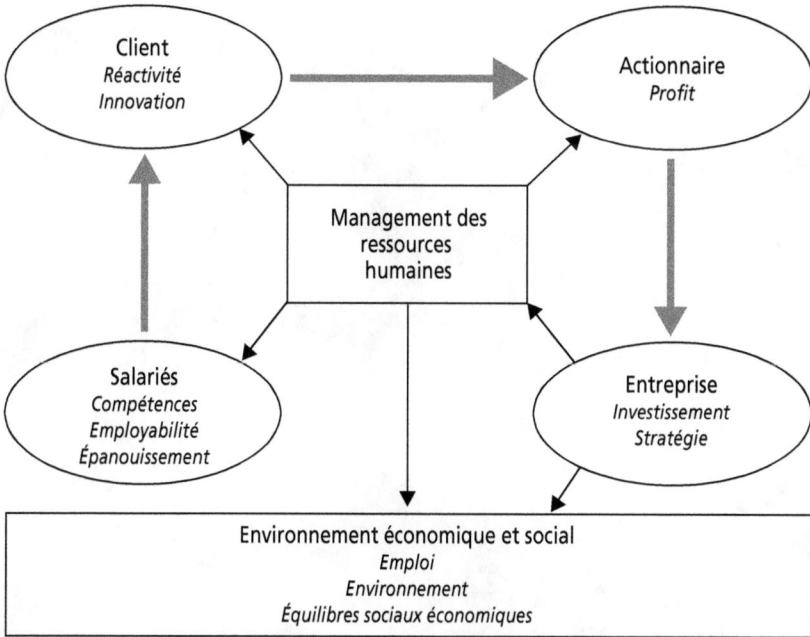

**Le management des ressources humaines
au centre du système de création de valeur**

Les objectifs du système de pilotage RH

Le premier objectif du système de pilotage RH est d'orienter et de contrôler la contribution de valeur de la fonction aux résultats de l'entreprise. Ce faisant, la démarche induit un nouveau mode de fonctionnement au sein même de la DRH. En recentrant les actions autour de résultats opérationnels et d'enjeux communs, elle favorise le professionnalisme et la mobilisation des équipes RH.

La contribution aux résultats

Le système de pilotage garantit l'alignement des actions RH sur les principaux enjeux de l'entreprise et accompagne le déploiement stratégique. Il s'agit de mettre en place un processus d'anticipation et d'amélioration permanent de la stratégie RH.

Pour exercer pleinement sa mission, la DRH :

- **Participe à l'élaboration des orientations stratégiques.** La dimension stratégique du rôle de la DRH vise à comprendre et à anticiper l'impact des mutations à venir sur le capital humain de l'entreprise :

  - Évolutions des technologiques et des habitudes d'achats qui feront naître de nouveaux métiers ;
  - Changements sociologiques nécessitant de nouvelles méthodes de motivation et de communication ;

– Évolutions démographiques poussant à reconsidérer la gestion des âges et le management interculturel.

Cette vision stratégique s'appuie sur un ensemble d'informations relatives aux grandes tendances d'évolution économiques et sociales, mais également sur les constats de dérives de certains indicateurs RH, tels que : diminution du nombre de candidats sur des métiers spécifiques, augmentation des délais pour recruter les compétences correspondantes, augmentation du turnover ou de l'absentéisme sur certaines tranches de population, projection d'évolution de la masse salariale…

- **Accompagne le déploiement.** Il s'agit de mettre en harmonie la stratégie de l'entreprise avec les capacités organisationnelles et le capital humain. Tous les moyens mis en place par la fonction RH concourent à ce résultat. Les actions RH engagées dans le cadre des orientations stratégiques accompagnent le déploiement stratégique. Le système de pilotage permet d'en contrôler la cohérence, l'efficacité, de corriger les écarts et les dérives.

- **Vérifie la rentabilité des investissements.** Le développement et la mobilisation du capital humain sont essentiels à la compétitivité et à la performance des entreprises. Le système de pilotage permet de cibler les dépenses stratégiques, d'orienter les investissements RH sur les projets créateurs de valeur et d'en mesurer, *in fine*, la rentabilité. Consacrer 3, 5 ou 10 % de la masse salariale à la formation peut se révéler en grande partie inopérant si les programmes ne sont pas orientés sur les réels enjeux stratégiques ou si les compétences acquises demeurent inexploitées.

Le système de pilotage participe à la mise en cohérence de différentes actions RH inscrites dans les plans d'action opérationnels. Il s'inscrit dans une logique à court, moyen et long terme. Les indicateurs retenus traduisent la capacité de l'organisation à atteindre les résultats fixés et à se projeter dans l'avenir. Le but étant de piloter l'adaptation, les changements nécessaires et de mieux contrôler les incertitudes.

Un nouveau mode de fonctionnement

Mon expérience de la fonction RH dans les grandes entreprises et le constat que je peux faire aujourd'hui en tant que conseil auprès de mes clients démontrent que certaines fonctions RH peuvent agir sans se sentir concernées ni réellement impliquées dans la problématique des fonctions RH voisines. Le responsable de la formation peut très bien travailler en ignorant le mode de fonctionnement du service recrutement, lui-même agissant en parallèle de la gestion des carrières qui se tient à son tour relativement éloignée des problèmes d'évolution de la politique sociale…

Chaque département, centré sur sa propre création de valeur, cherche à optimiser son niveau de performance. Les experts RH prennent en compte les nécessités d'interface avec les autres fonctions et essaient de les optimiser, mais ne se sentent pas investis d'une mission commune et d'un résultat collectif. Or, on le sait, dans tout système, la somme des optimums de chaque élément ne conduit pas à l'optimum de valeur globale. Les critères d'optimisation appliqués à une fonction, isolée des autres, peuvent nuire à la résultante globale du système.

Dans certaines organisations, les jeunes collaborateurs bougent très vite, c'est souvent le prix à payer pour les conserver en répondant à leurs souhaits d'évolution de carrière. Les résultats de la mobilité sont en soi satisfaisants, mais peuvent nuire à l'efficacité des équipes opérationnelles, qui ne gardent pas suffisamment longtemps leurs collaborateurs, et au développement de carrière des jeunes eux-mêmes, qui n'ont pas le temps de maîtriser pleinement leur domaine de compétences. À l'inverse, les organisations qui freinent la mobilité en cherchant à retenir le plus longtemps possible les collaborateurs dans leur fonction, afin de conserver leur efficacité professionnelle, limitent la diversité des expériences et l'autonomie des collaborateurs. Les plus talentueux quittent l'entreprise et, en cas de changement d'activité ou de technologie, les équipes en place ont du mal à s'adapter.

Recrutement, formation, gestion de carrière, gestion des rémunérations, administration, gestion sociale, toutes ces fonctions œuvrent pour le même résultat : attirer, développer, retenir les talents et les compétences nécessaires, aujourd'hui et demain, dans l'entreprise pour créer de la valeur.

> La fonction RH ne doit plus être considérée comme une juxtaposition de processus fonctionnels, aussi efficaces soient-ils. Une meilleure organisation des flux et des échanges au travers de processus communs favorise l'interactivité des fonctions, chaque centre d'expertise apprenant à communiquer, à collaborer et à se coordonner par ajustement mutuel avec l'autre département dans le cadre de processus globaux tels que : le management des compétences, le management des performances, le management de la diversité, la gestion des talents ou la gestion des âges et de l'employabilité...

Ces processus sont permanents. Ils reposent sur des indicateurs de performance spécifiques, communs à plusieurs fonctions RH. Reliés aux enjeux stratégiques, les plans d'action des processus transversaux permettent de mobiliser les différents responsables RH autour d'objectifs de résultats communs. Aujourd'hui, l'architecture fonctionnelle et technique des progiciels de gestion RH permet une gestion par processus transverses garantissant le décloisonnement des différentes fonctions au sein des directions et la mise en place d'indicateurs spécifiques à une fonction ou collectifs.

Une démarche de pilotage aide à faire évoluer les modes de fonctionnement, à encourager l'action collective autour de ces processus, tout en continuant d'améliorer l'efficacité des différentes fonctions. Au sein du système de pilotage, chaque responsable RH doit pouvoir disposer :

- D'indicateurs de performance qui lui sont propres en vue de contrôler son efficacité et de comparer ses résultats dans le temps et avec les meilleures pratiques de la profession ;

- D'indicateurs collectifs visant des résultats globaux dans le cadre de processus transversaux ;

- D'indicateurs de résultat reliant la fonction aux enjeux opérationnels.

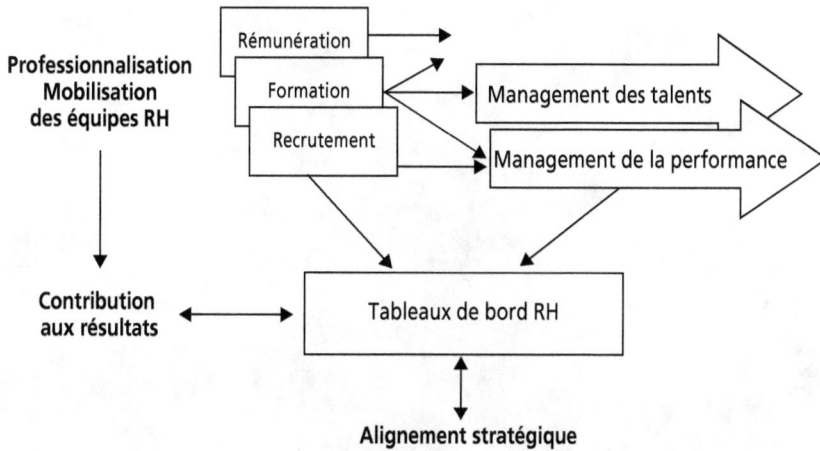

Les enjeux du système de pilotage

Dans les chapitres qui suivent, nous aborderons en détail les typologies d'indicateurs qui pourront être pris en compte. Ils seront intégrés dans différents tableaux de bord utilisés soit par les managers soit par les professionnels de la fonction RH.

Les freins et les leviers du système de mesure

Ayant longtemps considéré leur fonction comme un centre de coûts nécessaires à la bonne marche de l'entreprise, les responsables RH se sont essentiellement appliqués à en contrôler les dépenses, tout en assurant le meilleur service aux opérationnels et aux salariés.

Recruter, former, administrer sont autant d'actions dont l'intérêt ne se discute pas. À ceci s'ajoute un certain nombre d'obligations légales qui doivent être respectées. Par ailleurs, tout ce qui touche à l'humain est considéré comme difficilement mesurable. Le concept même de rentabilité ne fait pas bon ménage avec la conception humaniste de la fonction. Prenons l'exemple de la formation : lorsqu'une entreprise entreprend une action de formation, cela correspond généralement à la certitude de son utilité. La conviction du management et des équipes RH concernées suffit à justifier l'intérêt du projet dont l'efficacité paraît évidente. La satisfaction exprimée par les stagiaires permet de valider la qualité du programme et des formateurs. Il n'est pas nécessaire de contrôler l'impact sur le résultat opérationnel ou, mieux, d'en mesurer la rentabilité. Celle-ci se trouvant d'ailleurs très difficile à vérifier. Calculer le ROI (retour sur investissement) implique de trouver un outil de mesure pour l'immatériel.

De nombreuses entreprises s'intéressent depuis longtemps au sujet sans trouver de solutions réellement satisfaisantes. Parvenir à mesurer l'impact d'une formation au management ou des processus de gestion des talents sur le résultat opérationnel a longtemps été considéré comme utopique. Pourtant, la nécessité de plus en plus pressante de mesurer les actifs immatériels, tels que les méthodes et les compétences qui pèsent dorénavant lourd dans la valorisation des entreprises, ou de contrôler l'impact des engagements sociaux sur les résultats financiers amène les DRH à se rapprocher des méthodes de contrôle de gestion. Par exemple, dans le contexte démographique actuel, le poids des retraites augmente régulière-ment les provisions pour passif social. Ces dernières vont peser de plus en plus lourd sur les résultats.

La norme comptable IAS 19 relative aux engagements sociaux conduit les entreprises à entamer des réflexions profondes sur leurs systèmes de couverture de retraite, mais également à s'interroger sur les politiques de rémunération et de gestion de carrière. Les politi-ques de rémunération et d'accompagnement de l'allongement de la vie professionnelle joueront un rôle essentiel dans la capacité des entreprises à attirer et à retenir les talents. Le passage aux nouvelles normes comptables et fiscales oblige les DRH à se rapprocher des préoccupations et des méthodes de direction financière, à améliorer les résultats de l'entreprise par une gestion efficace de ses ressources humaines.

Le pilotage de l'entreprise, lui-même, est en pleine évolution. L'approche budgétaire traditionnelle s'assouplit, la vocation des plans d'action passe d'une logique de planification à la recherche de pro-activité. L'entreprise développe ses capacités de veille, son orga-nisation doit être prête à réagir aux évolutions des marchés. On assiste à une réelle mutation des systèmes de pilotage qui nécessite de nouveaux principes organisationnels et de nouveaux modes de management.

Au-delà des objectifs purement financiers, la nécessité croissante d'adaptation des compétences et des organisations aux exigences économiques et aux nouvelles contraintes socioculturelles renvoie la fonction RH à des obligations de résultat. Face à une concurrence mondialisée, le temps est compté pour conjuguer réactivité, flexibilité et développement durable. Aucun investissement ne doit être gaspillé, et en particulier ceux qui concernent le développement du capital humain.

> Le DRH et les professionnels de la fonction deviennent des acteurs du résultat économique. Leur capacité d'anticipation, leur sensibilité aux évolutions sociales, professionnelles, légales et techniques deviennent des compétences majeures. Leur performance est jugée sur la pertinence des stratégies de management des ressources humaines qu'ils sont capables de proposer et de mettre en place, et sur le résultat économique engendré.

Les sources d'information

La mise en place du système de pilotage RH repose sur un ensemble d'indicateurs regroupés dans différents tableaux de bord. Les sources d'information sont multiples. L'idéal est de pouvoir appuyer la démarche de pilotage sur un système d'informations qui garantisse la rapidité d'accès et la qualité des données, qui facilite la diffusion et le partage des informations, et présente suffisamment de souplesse pour s'adapter aux évolutions stratégiques. Les progrès accomplis dans les systèmes d'informations offrent un large panel de solutions techniques adaptées, et même souvent surdimensionnées par rapport aux besoins de pilotage RH. Chaque jour, des centaines de données entrent dans les différentes bases de gestion informatique, sont complétées et consultées.

Il s'agit de :

- rassembler l'ensemble des données RH qui seront utiles pour piloter la performance RH, orienter l'action et prendre les décisions le moment venu ;

- savoir opérer selon la nature des décisions une sélection pertinente des informations et déterminer la mise en forme de leur présentation ;

- en amont de chaque décision, spécifier la nature et la finalité des analyses à conduire pour cibler les informations.

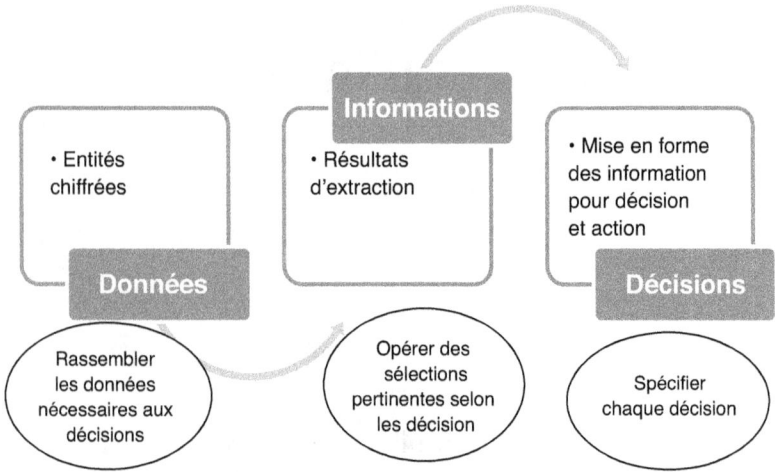

Pour bénéficier d'un outil efficace, la DRH doit, tout en respectant les règles de modélisation du système de pilotage de l'entreprise, exprimer clairement ses attentes et définir la structure de son propre système. Il est important de pouvoir articuler le système autour des centres de décisions, comités de direction générale et comités opérationnels, et des processus ou événements RH. De nombreuses actions RH ont un résultat dans la durée, les informations collectées doivent pouvoir être conservées afin de réaliser un suivi des indicateurs sur de longues périodes. C'est, par exemple, le cas de la gestion des talents ou des HP, qui nécessitent souvent un historique de plus de dix ans pour constater l'efficacité des politiques de gestion de carrière.

Le système alliera des données portant sur les opérations réalisées et des actions prévisionnelles afin de contrôler l'efficacité à court terme, piloter des opérations à moyen terme et anticiper les évolutions à venir.

Les informations internes

La collecte des informations internes nécessaires au processus de pilotage est issue des systèmes d'information opérationnels de l'entreprise.

L'entreprise dispose aujourd'hui d'outils de *Business intelligence* qui lui permettent d'anticiper les évolutions (*Data Mining*) et de faciliter les décisions, notamment dans le domaine des ressources humaines.

Les processus de *Business intelligence RH* reposent sur des données circulant dans l'ensemble des outils informatiques et les progiciels de l'entreprise. Ces données sources peuvent être rassemblées, agglomérées en métadonnées et interprétées par des outils d'analyses multidimensionnelles qui alimentent les ratios et les tableaux de bord RH. Des entrepôts spécifiques (Data Warehouse ou Data Marts) peuvent être organisés par processus RH, par pays, par région afin de répondre aux besoins de traitement particulier à chaque entité ou centre d'expertise (formation, gestion des carrières, rémunération…).

L'architecture des systèmes est adaptée aux besoins de l'entreprise. Elle prend en compte l'historique de construction des outils informatiques et la nature de l'organisation.

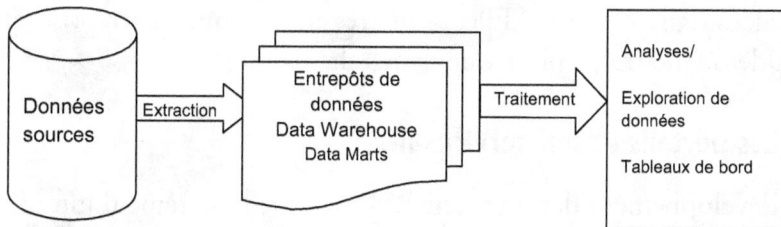

Processus de cheminement des informations nécessaire au pilotage et à la décision

Toutes les entreprise ne bénéficient pas de telles avancées technologiques et peuvent cependant puiser dans les différentes sources d'informations internes les éléments pour construire leurs tableaux de bord RH.

Les systèmes de paie et les modules de gestion du personnel

C'est la première source d'information pour le pilotage RH. Les possibilités d'analyses multidimensionnelles permettent d'étudier les données selon des critères multiples :

- L'absentéisme par service, par tranche d'âge, par catégories socio-professionnelles, etc. ;

- La masse salariale, pouvant être analysée par catégories de personnes, par établissement, par ancienneté, par métier, etc.

Les mesures d'analyse sont également multiples :

- Absences par type (congés, RTT, maladie, accident du travail…) ;

- Masse salariale (éléments fixes, primes liées à l'activité, heures supplémentaires…).

Le bilan social

Il représente le document de reporting RH de base pour un grand nombre d'entreprises. Certains éléments constitutifs du bilan social pourraient être mieux utilisés. L'obligation de normalisation des données offre un réservoir d'informations fiables, bien que parfois décalées dans le temps. Elles sont très utiles pour l'entreprise qui décide de mettre en place une démarche de pilotage.

Les portails et self-services RH

Le développement des intranets RH a ouvert le système d'information RH à de multiples utilisateurs : professionnels de la fonction, managers, salariés qui viennent enrichir les bases de données nécessaires au pilotage RH. La mise à jour et la circulation des informations individuelles et collectives sont facilitées. Généralement organisés par processus, les self-services permettent d'accéder rapidement aux informations utiles. Ainsi, l'informatisation des entretiens annuels permet d'interroger le système sur la fréquence des entretiens, les populations concernées, les besoins en compétences et en développement identifiés, les mobilités réalisées ou envisagées... toutes informations difficiles à rassembler avec les procédures papiers.

Les informations issues des processus de management RH

L'efficacité des processus de GRH (entretien annuel, bilan professionnel, plans remplacement, revue talent...) est jugée sur la qualité d'exploitation des informations recueillies et la mise en œuvre des actions correspondantes. Les salariés et les managers se posent régulièrement la question de l'utilité des outils RH, qu'ils assimilent trop souvent à une obligation administrative sans réelle valeur ajoutée. Les demandes de mobilité sans réponse, les formations qui tardent à être mises en œuvre, les promesses d'évolution non concrétisées, les offres de postes sans solutions internes... sont autant de freins à la crédibilité du système.

Pour résoudre ce problème de confiance, la fonction RH gagnerait à s'améliorer sur deux points : la communication de ses résultats et la circulation d'informations entre ses différentes fonctions. Le premier point implique la mise en place d'une démarche de marketing interne, et donc une réelle capacité à identifier, à suivre et à communiquer les résultats. En termes de mobilité, gestion de carrière, formation..., l'entreprise en fait souvent beaucoup plus qu'elle ne le dit. Le second point repose sur l'organisation même de la fonction. Le manque d'échange d'informations et de concertation au sein des équipes RH demeure une source d'inefficacité. L'informatisation des données et leur accès au travers d'un portail RH constituent un réel progrès. La volonté de travailler ensemble autour d'enjeux communs et de fixer des indicateurs convergents repose sur la mise en place de projets et/ou de processus transversaux. Il s'agit d'améliorer la transparence, la circulation et l'échange des données recueillies au travers des différents processus fonctionnels.

Le compte de résultat

Comme nous l'avons évoqué, les paramètres d'influence de la fonction RH peuvent agir soit en termes de productivité, soit en termes de création de valeur économique. Il ne s'agit pas d'obtenir une valeur absolue de l'impact de l'action RH, mais d'en mesurer la quote-part de contribution.

Cette approche nécessite une collaboration avec les contrôleurs de gestion de l'entreprise qui auront à isoler une « chaîne de valeur locale » à laquelle doit partiellement contribuer une action RH. Le compte d'exploitation doit permettre de dégager des grandeurs mesurables significatives et d'analyser le lien entre leur variation et un investissement RH. Par exemple :

- Variation des frais de personnel consécutifs à la mise en place d'un investissement recrutement ou d'un système de prime ;

- Augmentation du CA ou de la valeur ajoutée, reliée à la mise en place d'un programme de formation ou de mobilisation des équipes.

L'analyse de l'influence d'une action RH sur l'une des grandeurs mesurables du compte d'exploitation s'applique sur un horizon déterminé et suppose que les paramètres d'influence autres que RH soient considérés constants. Ceci permet de mesurer l'impact relatif de l'action de formation pour cette période. Cette analyse, lorsqu'elle est possible, sera réservée aux actions RH stratégiques.

> Il n'est pas question de déclencher une étude de rentabilité
> pour chaque action RH, mais de développer l'orientation
> « résultat » des professionnels RH.

Chaque fois que l'action RH a un impact significatif sur un objectif opérationnel, le résultat économique peut être mesuré et évalué sur une période donnée. Ce peut être le cas pour toute action visant une amélioration de la performance économique ou de la productivité :

action de formation, opération de recrutement, mise en place d'une rémunération variable, création d'un SIRH (système d'information des ressources humaines), négociations sociales, gestion des coûts sociaux…

Les plans d'action stratégiques et opérationnels

La création de valeur de la fonction RH s'articule autour des objectifs de développement stratégiques déclinés dans les plans d'action opérationnels. Il s'agit d'articuler le plan de route RH autour des priorités stratégiques, puis de contrôler l'impact réel des actions déterminées. À côté des données financières figurant au budget, le plan d'action stratégique comporte un ensemble de prévisions concernant la performance commerciale, l'innovation, la qualité des processus et, bien évidemment, les ressources humaines. Ces prévisions permettent d'établir les principaux chantiers nécessaires au développement du capital humain.

Un certain nombre d'actions RH vont s'ancrer directement sur les indicateurs de performance opérationnelle. Le résultat visé peut concerner par exemple :

- la pénétration de nouveaux marchés ;

- l'amélioration de la qualité des produits ou des services ;

- la capacité d'innovation ;

- la satisfaction des clients ;

- la sécurité des biens et des personnes ;

- l'image de la marque de l'entreprise ;

- les délais de mise sur le marché des produits…

Les actions RH concourant de façon spécifique à ces objectifs et les indicateurs de mesure de la contribution seront spécifiés.

Les audits qualités

On peut les décliner comme suit :

- **Le système qualité.** Le volet ressources humaines des procédures de certification contribue à la recherche d'indicateurs fiables, notamment dans le domaine du développement des compétences et de la qualité du management des ressources humaines. L'implication des équipes RH dans la démarche qualité a contribué au développement de la fonction. Au-delà de la complexité et de la lourdeur de certains aspects méthodologiques, les objectifs d'homologation ont obligé les professionnels RH à structurer leurs modes de fonctionnement, à écrire des procédures et à mettre en place des indicateurs. Ces derniers s'intègrent dans le pilotage de la fonction à tous les niveaux : DRH, fonctions RH et management RH des entités opérationnelles.

- **L'audit social.** Né dans le prolongement du bilan social, l'audit social a pour finalité d'analyser les pratiques de GRH. Il intègre aujourd'hui les problématiques de RSE (responsabilité sociale d'entreprise). Réalisé par des consultants accrédités pour conduire ces analyses, il s'appuie sur les règles de droit du travail international. L'objectif est de comparer les pratiques de l'entreprise en matière de gestion sociale aux référentiels et aux codes de conduite en vigueur. Le rapport réalisé par l'auditeur fournit des informations sur les dysfonctionnements éventuels constatés et les pistes d'amélioration à envisager.

Les enquêtes de satisfaction internes

Traditionnellement, la fonction RH se préoccupe du niveau de satisfaction de ses clients internes, managers et salariés. Des questionnaires annuels permettent d'évaluer la qualité des services, des enquêtes de motivation sont régulièrement adressées aux salariés pour recueillir leur avis sur l'efficacité de la gestion des ressources humaines. Ces exercices sont des mines d'informations qui, même si elles ne sont pas toujours dénuées de subjectivité, permettent de mesurer l'impression de valeur ressentie par les bénéficiaires de la fonction.

Les informations externes

Le benchmarking

Pour mesurer leur efficacité, les équipes RH ont besoin d'informa-tion sur l'état de l'art de la profession et sur l'évolution des grandes tendances économiques, sociales et sociétales. Le *benchmarking RH* est à ce titre l'un des outils indispensables à la démarche de pilotage. Il doit néanmoins être utilisé avec discernement. Autant il est inté-ressant de connaître ce qui se fait dans d'autres entreprises, autant il est dangereux de « copier » les soi-disant meilleures pratiques du marché. Le management des ressources humaines d'une entreprise est éminemment situationnel. Les décisions stratégiques relevant du domaine RH doivent prendre en compte la culture, l'organisation, le style de management, les problématiques économiques et techni-ques, le climat social et la maturité des équipes. Certains outils parfaitement adaptés au contexte d'une entreprise peuvent au mieux ne pas fonctionner dans une autre ou au pire y créer de sérieux problèmes.

Le benchmarking représente un réel intérêt lorsqu'il complète la décision d'action. Les particularités de la situation organisationnelle et humaine ont été analysées, un projet de cahier des charges a été élaboré, les conditions de succès étudiées. À ce stade, il est impor-tant de regarder ce qui se passe sur le marché. Comment d'autres entreprises ont-elles répondu au problème, dans quelles conditions, quels ont été les freins rencontrés ou les leviers utilisés, les coûts engendrés, pour quels résultats ?

La réussite d'une action RH repose plus sur la qualité
de sa préparation que sur la technicité de la solution.
Il faut pour cela aller le plus loin possible dans l'identification
des résultats souhaités, jusqu'à la définition des indicateurs
de gestion, des performances et/ou de rentabilité,
et dans l'analyse des conditions de succès.

Il existe aujourd'hui de nombreuses solutions techniques éprouvées et commentées dans la littérature spécialisée, les cercles d'experts, les clubs et les associations des professionnels de la fonction. Les experts RH peuvent exercer leur rôle de veille technologique, comparer les solutions existantes et juger de leur pertinence par rapport aux problématiques qu'ils ont à gérer. Il s'agit de trouver un juste équilibre entre la nécessité de faire évoluer les habitudes de fonctionnement, la culture interne de l'entreprise qui doit s'adapter et prendre la mesure des capacités internes à absorber de nouvelles pratiques. La mise en œuvre des solutions RH se heurte très souvent à ce double impératif. Certaines solutions innovantes, admises intellectuellement, nécessitent des périodes d'assimilation bien plus longues que prévu ou finissent dans les faits par être rejetées.

Il existe de multiples sources d'informations externes, accessibles de plus en plus facilement par Internet ou au travers des réseaux professionnels.

Les enquêtes de satisfaction externes

Les grandes entreprises participent régulièrement aux enquêtes conduites auprès des étudiants concernant l'image employeur. Au-delà du classement parmi les sociétés du panel, ces analyses apportent des informations intéressantes sur l'évolution des mentalités des jeunes générations, notamment leur rapport au travail et à l'entreprise.

Classiques pour l'entreprise, mais un peu moins pour les RH, les enquêtes de satisfaction destinées aux clients externes peuvent fournir des informations sur les besoins d'amélioration de compétences et de performance : qualité du service, délais de réalisation, réactivité, niveau d'expertise, compétitivité des produits…

La sphère d'expertise RH

Le responsable RH qui souhaite s'informer sur les grands sujets, les tendances d'évolutions techniques, sociales, économiques, peut trouver au sein de la sphère RH une mine d'informations. Des idées d'actions et d'indicateurs peuvent naître des échanges d'expérience et de bonnes pratiques organisés par les clubs d'experts et les associations de professionnels. Les organismes nationaux et internationaux (Dares, Ocde, Credoc...), les sites gouvernementaux (ministères, Pôle Emploi, Apec...), les instituts d'enquêtes (Insee, Sofres...) fournissent des référentiels de données, des notes de conjonctures, des bilans. Le problème ne réside pas dans la quantité des informations disponibles, mais dans le choix et la pertinence de ces informations par rapport à la problématique de l'entreprise.

L'essor de la littérature consacrée au management RH, le développement des journaux et des sites spécialisés démontrent l'intérêt que suscite la dimension humaine de la gestion d'entreprise. En se positionnant au niveau stratégique, la fonction RH devient plus complexe, le management, sans toujours clairement l'exprimer, renforce ses attentes. Le DRH doit anticiper les événements susceptibles d'influencer le capital humain, trouver les arguments pour convaincre les décideurs internes et les partenaires sociaux, identifier et mettre en œuvre les solutions adaptées à la culture et aux enjeux de l'entreprise, créer les ruptures nécessaires sans entacher la motivation du personnel ni le climat social. À côté de ses qualités de stratège, de négociateur et d'expert, le DRH doit démontrer un esprit d'entreprise orienté vers l'innovation et le résultat. La mondialisation et les bouleversements qu'elle génère ajoutent à la difficulté de sa mission.

La veille technologique, souvent négligée par manque de temps, devient une préoccupation élémentaire de la fonction. Elle apporte une crédibilité aux propositions d'innovation et permet de fixer des indicateurs de progrès.

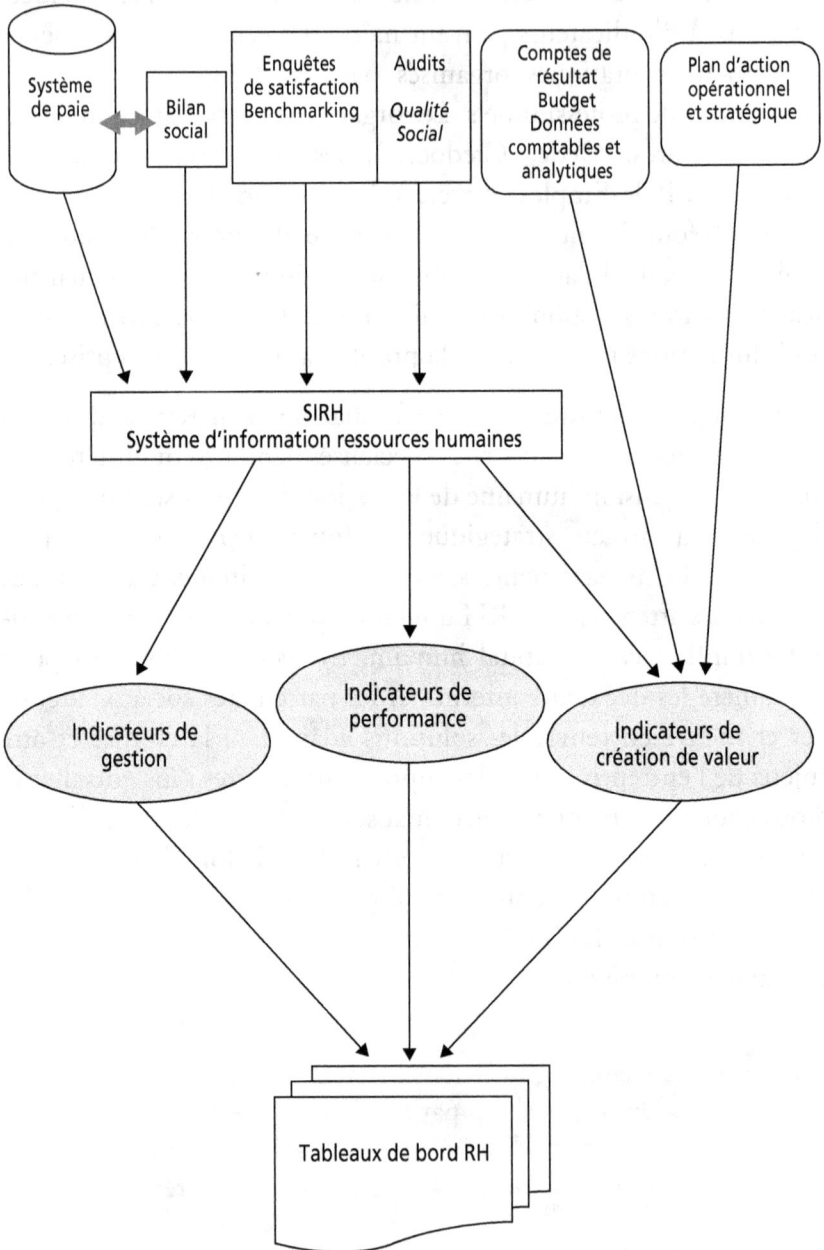

Les sources d'information

Résumé des formes et sources d'indicateurs RH

Typologie d'indicateurs	Objectifs	Principales sources d'information	Support de présentation
Indicateurs de gestion sociale	Climat social Obligations légales Contrôle des coûts sociaux	Système de paie Organismes d'information professionnels et gouvernementaux	Bilan social Tableaux de bord sociaux
Indicateurs de performance	Satisfaction des clients et partenaires internes et externes Qualité du service	Enquêtes internes et externes Audits	Tableaux de bord de la DRH et des processus fonctionnels et transversaux
Indicateurs de création de valeur	Profit économique Productivité RH Développement durable	Bilan Compte de résultats *via* le contrôle de gestion	Tableaux de bord de la DRH et des activités opérationnelles

II

Définir les indicateurs RH

Il n'y a pas de pilotage sans mesure. Le système de pilotage RH s'appuie sur un ensemble d'indicateurs issus d'informations disponibles dans l'entreprise ou à l'extérieur de celle-ci. Ces indicateurs permettent d'anticiper, de décider et contrôler les politiques et pratiques RH.

L'efficacité globale du pilotage repose sur la fiabilité des informations, la pertinence des indicateurs et leur adaptation aux besoins spécifiques des différents décideurs et acteurs RH. Ils sont rassemblés dans différents tableaux de bord.

> Chaque tableau de bord doit donner une vision concise, simple et claire de la situation, des résultats obtenus et des améliorations à apporter. Le ciblage des données est essentiel.

Contrairement à certaines idées reçues, il n'est pas difficile de déterminer des indicateurs de performance RH, il y en a des milliers. Le réel enjeu est de se limiter aux indicateurs fiables et pertinents. Leur sélection est déterminée en fonction des problématiques RH des différentes entités opérationnelles et du niveau de service attendu de la DRH. Le choix des indicateurs évolue dans le temps en fonction des enjeux stratégiques, des décisions organisationnelles, du contexte économique, social et culturel. Il est inutile de suivre pendant des années certains indicateurs dont l'intérêt disparaît dans le temps. Certains, en revanche, ne seront significatifs que dans la durée et devront être suivis sur plusieurs années.

> Un tableau de bord RH est évolutif, sa constitution
> doit être réexaminée tous les ans.

On peut distinguer trois grandes typologies d'indicateurs :

- les indicateurs de gestion sociale ;
- les indicateurs de performance RH ;
- les indicateurs de création de valeur.

Ils correspondent peu ou prou aux étapes d'évolution de la fonction RH au sein de l'entreprise :

- Les premiers, les plus traditionnels, correspondent à la phase d'administration du personnel, les attentes du management étant centrées sur le respect des obligations légales et l'optimisation des coûts de gestion RH.

- Les seconds apparaissent à la fin des années 1980. Ils sont liés à la recherche d'optimisation des processus fonctionnels et à la professionnalisation des équipes RH. Il s'agit alors d'améliorer le service aux opérationnels tout en continuant d'optimiser les coûts. On assiste dans les grands groupes à des opérations de *reengineering* conduisant à la centralisation ou à l'externalisation de certaines fonctions RH.
  Cette étape accompagne l'internationalisation des organisations, elle est facilitée par les progrès réalisés dans le domaine des TIC, et notamment des progiciels de gestion dédiés aux ressources humaines. Il devient plus facile d'exploiter les retombées des processus RH et de réaliser un suivi individuel des dossiers.

• Enfin, la dernière catégorie permet de contrôler la contribution de la fonction RH à la création de valeur. Les responsables RH deviennent des partenaires du business et de la stratégie. Les politiques, pratiques et actions RH s'inscrivent clairement dans la chaîne de création de valeur, contribuant à la réalisation des résultats et à la pérennité de l'entreprise. Les nouvelles normes comptables internationales mettent l'accent sur la valorisation des actifs intangibles, la qualité du management, la maîtrise des compétences, la capacité d'innovation et de réalisation. Pour maintenir la confiance des actionnaires, les sociétés doivent non seulement se doter de politiques en matière d'évaluation de rendement du capital sur des périodes allant de trois à cinq ans, mais, qui plus est, être capables de démontrer leur responsabilité dans le domaine social et leur orientation client. Les tableaux de bord financiers intègrent des indicateurs liés au personnel, aux clients, à l'organisation et à la collectivité. Les investissements RH s'inscrivent dans la logique économique de l'entreprise.

Les finalités de ces trois étapes se conjuguent. Le passage d'une période à l'autre ne supprime pas les enjeux liés à la précédente. Tous les DRH sont d'accord, la reconnaissance de la fonction passe d'abord par la qualité de ses prestations.

> Pour démontrer son efficacité, la fonction RH cumule les trois niveaux d'exigences : qualité de gestion, performance des services et contribution active à la création de valeur.

Cette partie est consacrée à la description des trois catégories d'indicateurs. Une place particulière est réservée aux critères de création de valeur. De concept plus récent, ils représentent un point clé du système de pilotage actuel. Leur prise en compte reflète l'évolution du degré d'exigence des managers et des salariés de l'entreprise. La DRH doit pouvoir démontrer le résultat concret de son action, tant sur le développement économique que social.

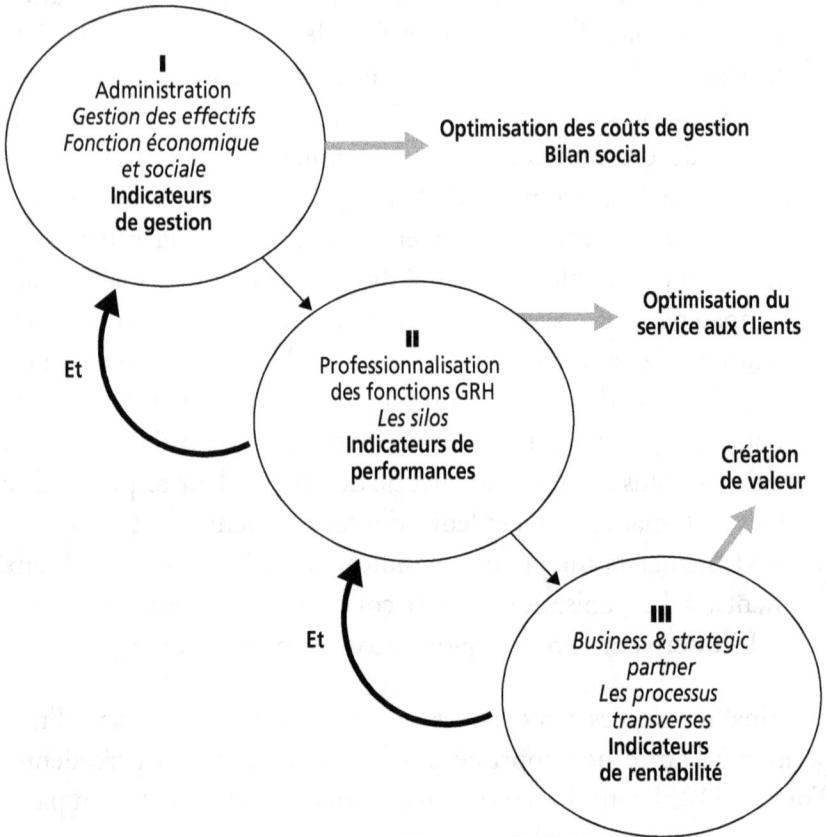

Les étapes d'évolution de la fonction RH

Les résultats attendus relatifs à chaque période se cumulent.

Les indicateurs
de gestion sociale

Généralement issus du système de paie et du bilan social, ces indicateurs figurent dans les « tableaux de bord sociaux » de l'entreprise. Ils concernent majoritairement les données relevant de l'administration du personnel : les effectifs, les flux de personnel, la démographie, l'absentéisme, la formation et les coûts salariaux. Ils concentrent les informations nécessaires au reporting social de l'entreprise.

Au-delà des obligations légales, le suivi de ces indicateurs permet de contrôler l'évolution de la masse salariale et des principaux frais de gestion sociale : dépenses de formation, de recrutement, frais de gestion de personnel, épargne salariale, retraites…

Les tableaux de bord sociaux complètent et enrichissent le bilan social. Strictement encadré par la loi, obligatoire pour les entreprises de plus de 300 personnes, ce dernier représente le document de base de la gestion sociale. Il est destiné en priorité aux membres du comité d'entreprise, aux administrateurs et aux salariés qui en font la demande, sa vocation première étant de faciliter le dialogue social. Ses règles de constitution qui définissent très clairement les indicateurs et leur mode de calcul en font un document fiable, mais complexe à utiliser. Le bilan social apporte un constat précis, mais tardif des résultats de la politique sociale. Compte tenu de sa périodicité annuelle, les informations qu'il véhicule permettent de réaliser des comparaisons fiables entre entreprises du même secteur, mais ne répondent pas aux besoins actuels d'anticipation et de réactivité des organisations.

Depuis les années 1980, de nombreuses entreprises développent, en complément à l'obligation légale du bilan, une démarche plus dynamique de gestion sociale qui a donné naissance aux tableaux de bord sociaux (TBS). Le choix des indicateurs et leur périodicité de communication obéissent aux particularités de l'entreprise. Les informations sont destinées aux managers et aux différents experts et acteurs de la fonction RH. Au-delà de la nécessité de reporting et de respect des règles sociales, les TBS se veulent des outils de gestion et d'aide à la décision. Dans les grandes entreprises, l'élaboration et le suivi des TBS sont confiés à des contrôleurs de gestion sociale.

> La vocation des TBS consiste à mesurer les résultats des différents paramètres de la politique sociale. Ils permettent de réaliser le diagnostic social de l'entreprise. Certains intègrent peu ou prou l'intégralité du pilotage des fonctions ressources humaines. Aujourd'hui, la grande majorité des indicateurs du TBS demeure centrée sur les domaines traditionnels de la gestion sociale : les effectifs, l'absentéisme, la formation et le contrôle de la masse salariale.

De nombreux ouvrages consacrés aux tableaux de bord sociaux[1] détaillent la méthodologie de constitution des TBS, les outils statistiques et les représentations graphiques, les typologies d'indicateurs, les principes de traitement, d'exploitation et de communication des données.

---

1. Bernard Martory, *Tableaux de bord sociaux*, Éditions Liaisons, 2004 ; Jean-Pierre Taïeb, *Les Tableaux de bord de la gestion sociale*, Dunod, 2004.

Les études conduites par l'Ipsoc[1] auprès d'un panel d'une vingtaine de grandes entreprises françaises mettent en évidence les principaux thèmes couverts par le reporting social :

- les effectifs ;
- les flux de personnel ;
- les coûts salariaux ;
- la démographie ;
- la formation ;
- l'absentéisme.

Ces indicateurs sont indispensables à la mise en œuvre d'une démarche de pilotage globale. Ils représentent le socle du processus, notamment au travers de l'analyse des effectifs et du contrôle de la masse salariale.

---

1. Créée en octobre 2005, Ipsoc est une association professionnelle ayant pour objet de favoriser, promouvoir et développer des actions dans les différents domaines couverts par le contrôle de gestion sociale (www.ipsoc.fr).

Les principaux thèmes des tableaux de bord sociaux : exemples d'indicateurs

Démographiques	• Effectif final/effectif initial + entrées + sorties • Ratios relatifs aux catégories professionnelles, âge, sexe, ancienneté • …
Légaux	• Heures de délégation/heures de production • Nombre de CDD, CDI, stages, alternances… • Pourcentage de la masse salariale consacrée à la formation, VAE • Accidents du travail/effectif • …
Économiques	• Charges sociales/effectif • Évolution de la masse salariale • Coût de la formation/effectif • Frais de personnel • …
Représentatifs du climat social	• Heures d'absentéisme/total heures payées • Turnover • Heures de grève/total heures théoriques • Nombre de litiges transmis aux prud'hommes • …

Les indicateurs de performance des processus

Généralisés à la fin des années 1980 sous l'influence des systèmes anglo-saxons, les KPI (*Key Performance Indicators*) traduisent l'efficacité des processus RH. Ils sont déterminés et suivis par les experts de la fonction. Ils sont représentatifs de la qualité perçue par les clients. Leur communication permet d'améliorer la visibilité des prestations réalisées.

> Le processus dépasse la notion de service ou de fonction,
> il représente une succession d'opérations reliées entre
> elles au sein d'une chaîne finalisée.

Il est important de distinguer deux familles de processus :

- **Les processus fonctionnels.** Ils correspondent aux fonctions clés de la DRH : recrutement, formation, gestion des carrières, gestion de la mobilité, systèmes de rémunération… Ils visent à fournir un niveau de service répondant aux attentes individuelles des clients.

- **Les processus transverses.** Ils traversent l'organisation RH et concernent les domaines de finalités du management humain : management de la compétence, des talents, de la performance… Le résultat de ces processus est collectif, ils servent les intérêts globaux de l'entreprise. Leur impact se mesure à plus long terme.

Les indicateurs donnent une représentation objective de la performance des processus. L'analyse des écarts ou des dysfonctionnements s'effectue par rapport au résultat escompté ou en référence aux meilleures pratiques du marché. Lorsque la réalisation d'un processus est externalisée, il est essentiel que la DRH en conserve le contrôle.

En s'adaptant aux attentes des clients et en réagissant aux dysfonctionnements, la maîtrise des processus améliore la souplesse et la réactivité de la DRH. Le système de mesure permet d'entrer dans une démarche d'amélioration constante de la qualité.

La pertinence d'un indicateur dépend de la qualité des objectifs fixés. Lorsque ces derniers sont mesurables, réalistes et planifiés dans le temps, il n'est pas difficile d'en déduire les indicateurs correspondants.

La maîtrise d'un processus ne nécessite pas de nombreux indicateurs, mais plutôt la mise en évidence de critères de mesure représentatifs du niveau de service attendu. Une dizaine d'indicateurs par processus suffisent pour piloter la performance.

Exemple d'indicateurs fonctionnels

Recrutement	• Délais de recrutement global, par métiers, catégories professionnelles… • Coûts du recrutement direct, induits • Délais de traitement des candidatures • % de candidats retenus/% de candidats proposés • % de collaborateurs recrutés ayant dépassé la période d'essai • % de collaborateurs recrutés jugés performants et/ou évalués HP après *x* mois, années… • Nombre de candidatures par source de recrutement (cabinet, mobilité interne, école, Internet…) • % de CDD, CDI recrutés • Ratio diversité : % d'hommes, femmes, moins de 30 ans, débutants, seniors, étrangers, handicapés recrutés… • % de démissions/total départs • …
Formation	• % d'actions de formation effectuées conformément au plan • % d'actions de formation évaluées excellentes par les stagiaires, les managers • % de seniors formés • % de nouveaux recrutés ayant suivi un programme d'intégration • % de HP ayant suivi une formation au management • % de collaborateurs formés à la qualité, la sécurité • …
Gestion de carrière	• % de HP identifiés/population cadre • % de collaborateurs (par catégorie professionnelle) ayant moins de *x* années d'ancienneté dans leur poste • % de managers issus du vivier interne • % de remplacements prévus au plan de remplacement effectivement réalisés • % de mobilité à valeur ajoutée/total recrutement • % de recrutements internes/total recrutement • Turnover des HP • Ancienneté moyenne des managers dans leur fonction, dans l'entreprise • % de salariés satisfaits de la gestion de carrière, des opportunités d'évolution • % de salariés ayant bénéficié d'un entretien de carrière • …
Rémunération (*compensation & benefits*)	• Équité interne : % de collaborateurs rémunérés en dessous, au-dessus de leur groupe référent • Compétitivité : % de collaborateurs rémunérés en dessous, à la médiane, au-dessus du marché de référence • % de HP augmentés • % de collaborateurs performants auxquels une prime supérieure à *x* a été versée • % de salariés satisfaits du système de rémunération • …

Exemples d'indicateurs de processus transversaux

Management des compétences	• Taux de couverture des compétences critiques à court et long terme • % du budget formation dédié au développement des compétences stratégiques • Nombre de successeurs identifiés pour les collaborateurs ayant des compétences critiques, rares et/ou stratégiques • Délais d'acquisition des compétences critiques/délais de recrutement ou de formation de l'entreprise • % de collaborateurs recrutés selon un référentiel de compétences • % d'action de formation précisant les compétences à développer • …
Management de la performance	• % de collaborateurs performants/total collaborateurs • % de collaborateurs ayant une performance insuffisante • % d'entretiens de performance réalisés annuellement/total collaborateurs • Qualité des entretiens réalisés • Taux de satisfaction des salariés sur la façon dont ils sont appréciés • % de managers formés à l'entretien d'appréciation • % des primes accordées aux excellents *performers* • Turnover des bons performers • Compétitivité du système de rémunération • …
Management des talents	• % de HP identifiés/total population cadre • % d'experts • % de HP recrutés • Turnover des HP • % de HP ayant suivi une formation • % de talents commerciaux, recherche, marketing… identifiés • % de collaborateurs repérés comme « talent » ayant suivi une formation • % de HP ayant bénéficié d'une prime • % de HP introduit dans les plans de succession • …

Les nouvelles technologies représentent un réel atout pour le contrôle des processus. L'avènement de l'e-RH, de l'intranet et des portails facilite l'accès aux données individuelles et collectives. Le responsable du recrutement peut chaque matin vérifier le nombre de CV recueillis pour une offre de poste, le nombre de candidatures transmises, et selon quels délais, à tel ou tel responsable opérationnel ; le responsable formation suit sur son écran les inscriptions et les évaluations aux stages ; le RRH peut contrôler le nombre d'entretiens annuels réalisés... L'ensemble de ces informations rendent compte très rapidement de l'efficacité des processus.

> Le partage des données au sein des équipes RH facilite
> le travail collaboratif indispensable au pilotage
> des processus transversaux.

Selon la taille et la complexité des organisations, chaque processus peut soit faire l'objet d'un tableau de bord particulier, soit s'appuyer sur des indicateurs spécifiques intégrés dans le tableau de bord de la DRH. Dans la troisième partie, nous reviendrons en détail sur les principes de constitution des tableaux de bord par processus.

Les indicateurs de création de valeur

Au-delà des données sociales et de la performance des processus, il s'agit de vérifier l'impact des actions RH sur la création de valeur globale de l'entreprise. Le besoin de contrôler les retombées économiques, à plus ou moins court terme, des investissements RH ne doit pas masquer la contribution de la fonction aux autres domaines de création de valeur : intellectuelle, sociale, satisfaction des clients et des salariés.

La création de valeur matérielle (résultats financiers) génère de la valeur immatérielle (connaissances, motivation…) et réciproquement. C'est de cette complémentarité que naît la richesse de la fonction RH redevable plus que les autres de l'équilibre entre les différents domaines de valeur.

Aujourd'hui, c'est sans nul doute la contribution à la valeur économique qui pose le plus question. L'habitude de traiter la DRH comme une activité de support complique l'approche. Les professionnels de la fonction et les managers estiment que l'influence des pratiques RH sur le résultat reste difficile à appréhender. Pourtant, les fonctions marketing ou commerciales directement évaluées sur la réalisation du CA sont loin d'en assumer seules la responsabilité. De nombreux paramètres d'influence pèsent sur le résultat commercial : les choix stratégiques et organisationnels, la capacité d'innovation de l'entreprise, la maturité des produits et des marchés, la notoriété de la marque... La réalisation de chaque résultat économique dépend de l'efficacité globale des différents services R&D, fabrication, direction financière, achats, logistique et bien sûr DRH.

Certaines actions RH peuvent avoir une influence relativement directe sur la réalisation du résultat économique, CA, niveau de productivité, valeur ajoutée. Pour recueillir la confiance des managers, les RRH doivent apprendre à partager les mêmes préoccupations, contrôler l'incidence des actions RH sur le résultat économique. Cette préoccupation est particulièrement importante pour tout ce qui relève de la réalisation des enjeux stratégiques et des décisions impactant durablement le capital humain et les résultats de l'entreprise.

La création de valeur économique

Lorsque la direction générale et la DRH décident d'un investissement, qu'il concerne la formation, le recrutement, le système d'information ou la rémunération, l'objectif, *in fine*, est de contribuer à l'atteinte d'un résultat économique. Pour être mesurable, ce résultat est rattaché à un indicateur financier de type CA ou marge, ou bien à un objectif stratégique : satisfaction client, prise de part de marché, délais de mise sur le marché, productivité...

Évaluer l'impact d'une action RH sur un résultat économique nécessite l'identification des principaux paramètres d'influences jouant sur le résultat considéré et la prise en compte de l'horizon d'analyse :

- **Les paramètres d'influence.** L'entreprise est un système complexe. De nombreux facteurs économiques et organisationnels influencent la réalisation des résultats. C'est, dans la plupart des cas, ce qui fait renoncer les responsables RH à mesurer la rentabilité d'une action RH. Parmi les variables pesant sur un résultat, il est cependant possible d'identifier celles relevant spécifiquement des actions RH : l'impact d'un programme de formation sur la productivité, d'un programme de recrutement sur le CA, d'un système de prime sur la satisfaction client… Il ne s'agit pas d'exiger des professionnels RH une analyse économique systématique de toute action réalisée. L'analyse économique ne se justifie que lorsque l'action RH fait partie des paramètres d'influence majeurs. Cette démarche poursuit plusieurs objectifs, elle permet :

– de juger de l'intérêt de l'action engagée ;

– de contrôler son retour sur investissement ;

– d'adapter l'action lorsque le résultat n'est pas suffisant ;

– d'orienter les professionnels RH sur le résultat économique ;

– de motiver et mobiliser les équipes RH en leur faisant prendre conscience des conséquences économiques de leurs actions.

Ce dernier point n'est pas négligeable. J'ai pu constater dans mes activités de conseil combien la capacité à démontrer l'impact de l'action RH sur un résultat économique était valorisante pour les experts de la fonction. Généralement habitués à se considérer comme centre de coût, ils sont particulièrement sensibles au fait d'être reconnus comme levier de performance agissant directement sur le résultat. C'est un motif de fierté, de valorisation, et donc d'efficacité qu'il est dommage de ne pas prendre en compte.

L'horizon d'analyse. L'impact de certaines actions RH se mesure dans le temps. L'analyse de rentabilité sera conduite en prenant en compte l'intervalle de temps estimé nécessaire à la constatation du résultat. Des étapes intermédiaires peuvent être déterminées. Sur l'horizon d'analyse examinée, les autres paramètres d'influence seront considérés comme constants.

Exemple : GAP, enseigne de prêt à porter international

Citons ici l'exemple d'une grande enseigne de prêt à porter : GAP France, filiale française de 800 personnes appartenant au groupe américain de prêt à porter. En 2006, le DRH alors en charge de la fonction, Luc Valentin, décide de mettre en œuvre une stratégie ressources humaines clairement orientée vers les résultats de l'entreprise, tout en conservant sa culture humaniste : bon climat relationnel, souci de développer les collaborateurs... L'entreprise évolue sur un marché extrêmement compétitif. La réalisation des objectifs de CA dépend de nombreux paramètres : renommée de la marque, adaptation des gammes produit aux besoins du marché français, disponibilité et qualité des produits en magasin, compétitivité des prix, mise en valeur des produits, emplacement des magasins, organisation des équipes, qualité du management et, bien évidemment, compétence et motivation des équipes de vente.

La nouvelle stratégie commerciale a permis d'optimiser un certain nombre de paramètres : l'emplacement des magasins est excellent, les prix sont compétitifs, une nouvelle organisation des magasins vient d'être mise en place, la gamme a été renouvelée pour s'adapter à la clientèle ciblée. Le facteur motivation et compétence des équipes devient un élément clé pour la réalisation du CA.

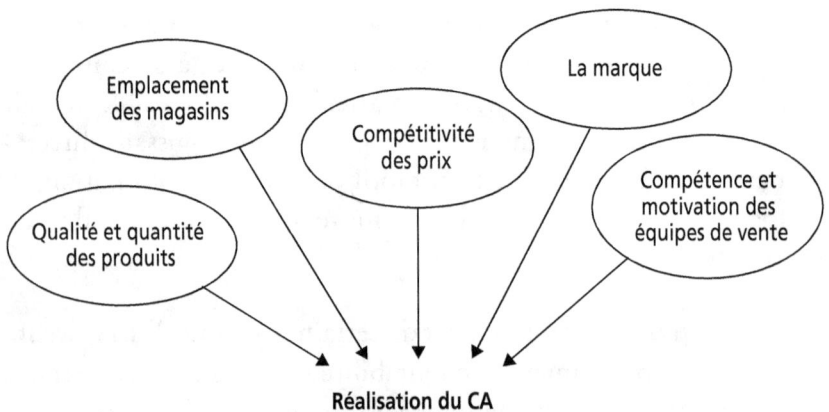

Parmi l'ensemble des actions RH engagées en vue de renforcer la performance des équipes, figure le programme de formation à la vente. Ce dernier est réaménagé en fonction des compétences clés définies dans le cadre des nouveaux enjeux commerciaux. Les séances en salle de formation sont complétées par une journée de coaching en magasin. Le formateur vérifie ainsi la mise en œuvre concrète des compétences sur lesquelles les stagiaires ont travaillé durant leur formation.

Le DRH et la responsable de formation, en liaison avec la direction commerciale, se font communiquer par les directeurs de magasin le CA réalisé à la fin de la journée de coaching, puis dans les jours et les mois qui suivent. Les résultats constatés à l'issue de la journée de coaching sont encourageants. La majorité des magasins marque une progression du CA pouvant aller jusqu'à 20 %.

Cet exemple est intéressant à plusieurs titres :

- Il permet de démontrer l'implication de la direction des ressources humaines dans la recherche de création de valeur économique, son positionnement dans l'équipe de management en tant que partenaire effectif du business. La DRH ne se contente pas de vérifier que tous les vendeurs ont participé à la formation et qu'ils en étaient globalement satisfaits, mais que l'action de formation concoure effectivement à la réalisation des objectifs.

- Il met en évidence la nécessité de déterminer le contexte dans lequel s'inscrit l'action RH. Imaginons que, parmi les paramètres d'influence, la politique de prix ou les problèmes d'approvisionnement représentent un réel frein à l'atteinte des objectifs de CA. Les produits sont trop chers ou très souvent indisponibles. Dans ce cas, quel bénéfice peut-on attendre de la formation des vendeurs ? Doit-on maintenir l'action de formation et pour quel résultat ? Est-il préférable d'attendre de résoudre les problèmes structurels avant de mettre en œuvre la formation ? Il n'y a pas de réponse simple à ces questions, l'intérêt est de déterminer l'efficacité attendue de l'action RH et ses conditions de succès. L'analyse du contexte opérationnel influence la conception du programme de formation et celle des objectifs qui y sont associés. Ces derniers ne concernent pas uniquement l'acquisition de compétences, mais vise, chaque fois que cela est possible, l'atteinte d'un résultat opérationnel.

- La démarche engage non seulement la DRH mais les salariés formés et leur management qui ont à vérifier l'impact de la formation sur le résultat.

- Les stagiaires sont satisfaits de pouvoir mettre en pratique leurs connaissances. Tout comme leur manager, ils peuvent constater qu'ils n'ont pas perdu leur temps. Les compétences qu'ils ont développées font partie de leurs acquis et facilitent leur performance.

- La rentabilité de l'investissement consacré à la formation peut être contrôlée.

- Le suivi des résultats, quelle que soit l'efficacité obtenue à l'issue de l'action RH engagée, amène à s'interroger sur les autres paramètres d'influence et à faire ainsi progresser l'organisation. Imaginons que la DRH ne constate aucune amélioration de CA à l'issue de la formation ou dans la continuité de celle-ci. Plusieurs explications sont à rechercher :

  – Le programme n'est pas adapté ;

  – Certains paramètres structurels ou organisationnels ont perturbé l'atteinte des objectifs ;

  – Les vendeurs ont amélioré leur compétence, mais ne sont pas suffisamment motivés (problème de leadership ou de rémunération…).

Ce constat, réalisé avec les managers concernés, peut amener soit à revoir le programme de formation, soit à travailler sur les autres paramètres : organisation du magasin, temps passé par les managers pour relayer les efforts de formation, politique d'attribution des primes, politique de recrutement…

Des indicateurs de création de valeur peuvent s'appliquer à l'ensemble des fonctions RH : système de rémunération, gestion des carrières, recrutement, formation... Dans la dernière partie de ce chapitre, nous expliquerons de quelle façon la participation de la fonction recrutement à la création de valeur globale peut être démontrée. Le choix des indicateurs retenus pour mesurer la contribution économique d'une action RH dépend de l'analyse organisationnelle et économique conduite à la demande du management entre le DRH, le RRH et les contrôleurs de gestion. Chaque situation organisationnelle est particulière, il est impossible de définir un modèle unique d'équation économique. De nombreuses études ont été réalisées par des chercheurs dans le domaine de la valorisation de l'intangible. Il est important de rester très pragmatique dans cette approche.

Lorsque le DRH souhaite contrôler ou pronostiquer la rentabilité d'une action sur un résultat économique donné, la seule façon de vérifier la faisabilité de l'évaluation est d'en discuter avec le manager opérationnel et le contrôleur de gestion. Il aura peut-être à convaincre de l'intérêt de la démarche, mais celle-ci sera finalement appréciée si la possibilité de rapprocher le résultat de l'action est confirmée.

**Quelques exemples d'indicateurs visant à mesurer
la productivité ou la rentabilité**

Formation	• % d'augmentation des prises de commandes pour les vendeurs formés • Diminution du nombre de rebuts pour les opérateurs formés • Amélioration des délais de réalisation après la formation à la conduite de projet • Diminution des incidents, accidents du travail et arrêts maladie à la suite de la formation sécurité
Rémunération	• Amélioration des performances constatées dans le temps depuis la mise en place des primes • Diminution des délais de recrutement des talents depuis la revalorisation des salaires de la tranche d'âge considérée • Diminution du turnover des experts depuis la mise en place des primes
Recrutement	• Objectifs budgétaires réalisés (CA, délais de développement) liés à la tenue de délais de recrutement • Amélioration des performances constatée, liée à l'amélioration du processus de recrutement, à la qualité des candidats sélectionnés (% de salariés performants)
Mise en place d'un self-service RH	• Diminution du nombre d'heures de saisie d'informations administratives (demandes de congé, demande et historique de formation, adresse…)
Management des performances	• Amélioration des indicateurs de productivité depuis la mise en place d'objectifs spécifiques et de primes associées

Le calcul de rentabilité

Le retour sur investissement (ROI) est un ratio financier qui détermine le rendement du capital investi. Il peut se calculer sur plusieurs années. Cet indicateur permet d'évaluer les différentes solutions qui s'offrent au DRH, de justifier ses choix et de convaincre le management du bien-fondé des actions. C'est un outil de décision et de suivi des résultats.

Il s'agit d'apprécier de quelle façon l'investissement RH va engendrer des revenus supplémentaires (croissance du CA, augmentation de la VA) ou être générateur d'économie. Calculer le ROI d'une action RH n'a de sens que si cette action correspond à un enjeu stratégique pour l'entreprise. Le calcul du ROI s'avère particulièrement utile au moment des choix de réorganisation (externalisation, centralisation, création de fonctions), dans le cas d'investissements lourds ou pour des projets stratégiques :

- **Le premier niveau d'analyse** du ROI porte sur la réduction des coûts induits. L'action RH doit, dès sa mise en place ou à partir d'un laps de temps estimé, entraîner une réduction visible des coûts inhérents à la fonction couverte. C'est typiquement le cas de la mise en place d'un self-service ou d'un portail RH. Celui-ci s'exprime, par exemple, en gain de temps. *« Au-delà des avantages évoqués comme l'amélioration de la communication RH, la fiabilité des données, le partage de l'information et la modernisation de l'image de l'entreprise, il est intéressant de calculer le gain de temps et de ramener celui-ci à une valeur plus concrète : l'équivalent temps plein, ETP »*, précise Bernard Just[1]. Il donne l'exemple d'un opérateur de télécommunication de 145 000 personnes ayant mis en place un self-service RH : *« C'était environ 1,2 million de demandes écrites de congé par an qui transitaient par la DRH. Chacune d'elle générait en moyenne 2,8 photocopies et deux appels téléphoniques. Ce processus mobilisait 250 ETP. »* Avec la mise en place du self-service, ces dépenses n'avaient plus de raison d'être.

- **Le second niveau d'analyse** vise la transformation de l'investissement en source de recettes à plus ou moins brèves échéances. Tout projet RH s'inscrit dans un processus de création de valeur : « accroître la qualité du service », « optimiser la performance »,

---

1. Bernard Just, *Du DRH au self-service*, L'Harmattan, 2006.

« attirer les talents », « développer les compétences »… Ces enjeux s'évaluent dans la durée. Ils favorisent le développement d'avantages compétitifs et, à plus ou moins court terme, la génération de bénéfices.

Les sources de recettes liées à un investissement RH reposent sur une amélioration de la productivité : croissance du CA, de la marge ou de la productivité constatée à la suite de leur mise en œuvre. Le RRH et le contrôleur de gestion identifient la valeur économique la plus directement impactée : CA, marge, coût de production, avant et après la réalisation du programme. L'analyse peut porter sur un laps de temps très court ou s'étaler sur plusieurs mois. Pour valider la fiabilité du calcul, les autres paramètres d'influence sont identifiés, leur degré d'influence est relativisé. Le ROI de l'action RH est calculé à paramètres constants.

Dans le cas d'un programme de formation, on peut évaluer en euros l'augmentation de productivité des équipes de vente formées en utilisant l'amélioration de marge ou de CA réalisé. Si la formation à la vente a généré un profit de 100 000 € et que l'action de formation a coûté 25 000 € (coût pédagogique et heures de travail passées en formation), le bénéfice est de 75 000 €, le ROI est de 300 %.

> Lorsque l'investissement RH est potentiellement générateur de recettes, le DRH et le contrôleur de gestion établissent un compte de résultat classique indiquant la valeur matérielle créée au regard des capitaux employés. Ce calcul permettra d'identifier les délais nécessaires au retour sur investissement.

Le modèle développé par Accenture illustre un mode de calcul de ROI.

Modèle Accenture

En 2002, Accenture se voit décerner par le *Financial Time* le Corporate University Xchange Award grâce au modèle développé pour vérifier le retour sur investissement de sa formation.

Les chercheurs de l'entreprise, en partenariat avec l'université de Chicago, ont analysé 250 000 dossiers de salariés contenant des informations sur la formation, le salaire, le niveau de facturation, le temps passé dans la compagnie, les dates de promotion... Rappelons qu'Accenture compte plus de 120 000 employés répartis dans 48 pays.

Premier constat : **sur une longue période, un salarié formé atteint plus rapidement un niveau plus élevé de performance et reste plus longtemps dans la compagnie.**

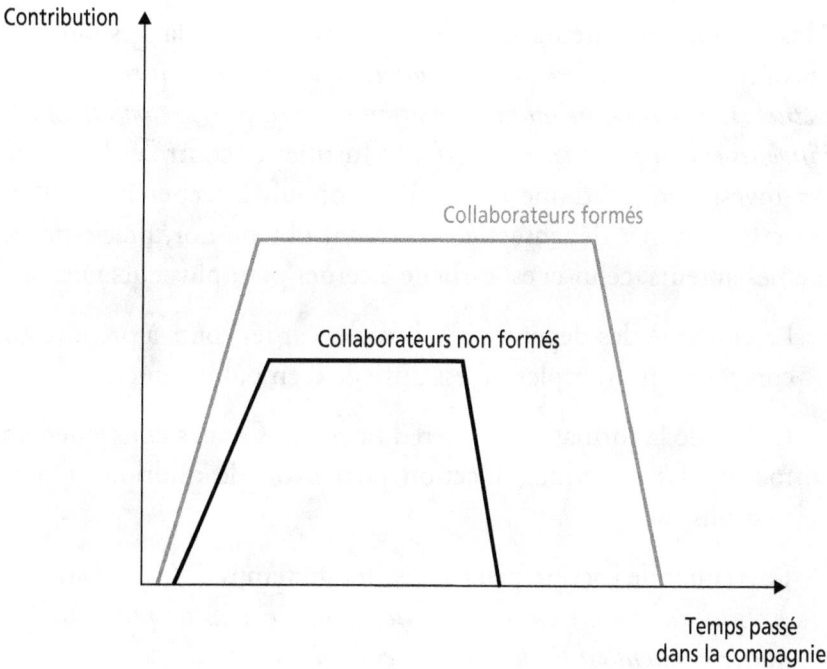

Contribution

Collaborateurs formés

Collaborateurs non formés

Temps passé
dans la compagnie

La base utilisée pour le calcul du ROI est simple : elle correspond à la marge brute réalisée. Elle s'appuie sur le taux de facturation à l'heure ou à la journée d'un consultant, divisé par le coût salarial du consultant pour le temps correspondant. Il suffit de retrancher le résultat obtenu par les non-formés de celui des consultants formés, et ce sur une période suffisamment longue (un à deux ans). **La marge brute des consultants formés moins la marge brute des consultants non formés correspond au ROI.**

Le bénéfice annuel des programmes de formation est estimé à 25,32 $ par employé. Pour 50 000 employés, le bénéfice annuel atteint 1,26 million de $. En divisant ce bénéfice par le coût annuel de formation, les chercheurs arrivent à un ROI de 353 %. Le modèle sera plusieurs fois validé.

Les risques et limites du calcul de rentabilité des actions RH

L'investissement lié à une action RH n'est pas considéré comme un investissement « comme les autres ». Le calcul du ROI connaît de nombreux détracteurs.

Ainsi, pour les auteurs d'un manuel consacré à la gestion des ressources humaines[1], « *la formation constitue un investissement intellectuel et, à ce titre, ne saurait se confondre avec la figure habituelle de l'investissement matériel et tangible* ». Justifier et contrôler le retour sur investissement d'une action RH conduit à rechercher le lien entre les sommes dépensées et le résultat obtenu ; or, précisent les mêmes auteurs, celui-ci est difficile à cerner pour plusieurs raisons :

- Le chiffrage des dépenses est difficile, car les coûts à prendre en compte sont multiples ; il est difficile d'en oublier aucun.

- L'effet de la formation ne se réduit pas aux seules conséquences mesurables attendues. L'action peut avoir de multiples répercussions.

- Le résultat de l'action peut nécessiter du temps (« *Quand peut-on être sûr qu'une action de formation a donné tous ses résultats... et que le moment est venu d'en dresser le bilan ?* »).

- L'évaluation même de l'action peut se faire à plusieurs niveaux (satisfaction des stagiaires, atteinte des objectifs pédagogiques, changement des comportements, accroissement de la performance) et se mesurer dans le temps.

---

1. Loïc Cadin, Francis Guérin et Frédérique Pigeyre, *Gestion des ressources humaines*, Dunod, 2002.

Ainsi, tout en regrettant que les difficultés à produire des méthodes fiables d'évaluation des résultats conduisent à des remises en cause de l'investissement dans les périodes d'intensification de contrôle des coûts, les auteurs du manuel concluent que l'idée de formation-investissement reste bien un « *mythe nécessaire* ».

Tous ces arguments sont recevables. Il est cependant envisageable, et à l'évidence souhaitable, d'améliorer la visibilité de la mesure de performance des actions RH, et en particulier de mieux cerner leur incidence sur les résultats de l'entreprise. Le retour sur investissement ne doit pas devenir une obsession. Un pilotage à courte vue basé sur la rentabilité des investissements peut entraîner de mauvaises décisions. Réduire un budget formation, stopper les relations écoles, renoncer au recrutement d'expérimentés pour générer des gains à court terme entachent généralement le résultat à moyen terme. Le contrôle de la création de valeur économique des activités RH n'est valable que dans une optique de gestion à moyen et long terme. Chaque investissement RH ne justifie pas la mise en place d'un *business plan*.

Certaines actions RH ne créent pas de valeur matérielle calculable à court terme. Lorsque les résultats sont hypothétiques et à long terme, il ne faut pas chercher à évaluer l'impact économique. Dans la plupart des cas, l'analyse de l'impact d'un processus RH sur un résultat opérationnel ne remet pas en cause le processus lui-même, mais la façon de le mettre en œuvre. Le calcul d'un ROI permet d'affiner les choix d'investissements et donc les options méthodologiques.

En 2005, une étude réalisée par IBM démontre que les entreprises qui forment 80 % de leurs cadres au management ont une rentabilité trois fois supérieure à celles qui en forment moins de 60 %. L'étude met en évidence que l'acquisition des compétences se fait à 85 % au travers de la formation informelle (*learning by watching, learning by expérience*)

Celle-ci facilite, en effet, l'appropriation des compétences et l'adaptation à l'environnement, car elle est motivée par un besoin professionnel immédiat. Fort de ce constat, IBM décide de mettre en place un programme de formation mixte renforçant la part de formation informelle.

La création de valeur intellectuelle : le management du capital humain

Les méthodes de valorisation du capital humain existent depuis les années 1990. Elles offrent une première approche pour améliorer la visibilité de l'entreprise sur ses actifs immatériels.

En 1997, Leif Edvison et Michael Malone mettent au point pour Skandia, multinationale d'assurance et de services financiers basée en Suède, une approche originale qui privilégie la gestion de l'immatériel, et en particulier celle du capital humain. Le navigateur Skandia s'appuie sur un tableau de bord composé de cinq axes intégrés.

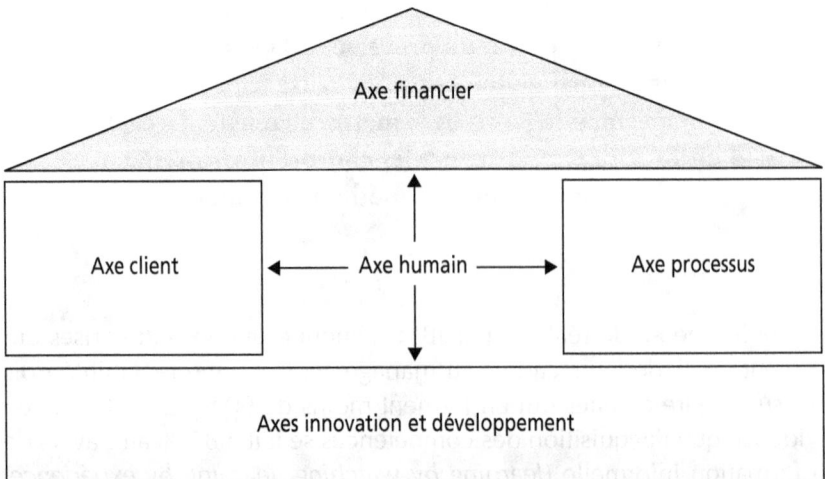

Il positionne l'humain au centre de la chaîne de valeur. L'axe humain bénéficie d'un nombre d'indicateurs identiques aux autres dimensions de la performance. Il correspond aux compétences des salariés et à leur engagement vis-à-vis de l'entreprise. Il intègre une partie performance sociale.

Pour les auteurs du modèle, le capital intellectuel est composé de deux éléments :

- **Le capital humain**, qui repose sur l'ensemble des compétences, des connaissances et de l'expérience des salariés ;
- **Le capital structurel**, qui couvre les structures indispensables au support et au développement du capital humain. Il intègre des éléments comme la qualité et la disponibilité des technologies de l'information, les bases de données, l'organisation de la circulation des connaissances, les brevets…

Le navigateur est un outil de pilotage de la performance qui associe le présent, le passé et l'avenir, et privilégie l'importance des réseaux relationnels internes et externes à l'entreprise.

Exemple d'indicateurs du modèle :

- VA/employé ;
- nombre de contrats client traités par employé ;
- nombre d'employés à temps plein ;
- nombre de managers (dont nombre de femmes) ;
- dépense de formation par employé ;
- dépense de développement/dépense administrative.

Actuellement, le navigateur Skandia et la Balanced Score Card, dans les versions récentes, représentent les modèles les plus accomplis du pilotage global laissant une place conséquente au capital à humain.

Mesurer la performance des investissements en capital intellectuel et humain demeure un enjeu pour l'entreprise. Nous pouvons essayer, comme nous l'avons démontré, d'évaluer la rentabilité économique de certaines actions RH chaque fois que cela est possible. L'utilisation du ROI pour mesurer le développement des compétences est contestée. Le souci de contrôle de l'immatériel est récent, les outils de gestion doivent s'adapter. De nouvelles théories d'organisation devraient voir le jour et faciliter la performance des méthodes d'évaluation.

Au-delà des indicateurs de rentabilité, la fonction RH dispose de nombreux critères de mesures quantitatives et qualitatives pour évaluer la création de valeur intellectuelle.

Quelques indicateurs de création de valeur intellectuelle

- Taux de recouvrement des compétences critiques (mesure de l'écart entre les compétences critiques nécessaires à l'entreprise et les ressources disposant de ces connaissances).

- Effectif formé aux compétences stratégiques/effectif total.

- Nombre de professionnels et d'experts/effectif total.

- Nombre de projets d'innovation générés par les salariés et mis en œuvre.

- Nombre de communautés de pratiques, de réseaux d'experts, qui facilitent la capitalisation et l'échange des connaissances.

- …

La création de valeur sociale

En 2002, au sommet mondial de Johannesburg, les entreprises du secteur privé publient une déclaration commune visant à instaurer *« dans un cadre réglementaire et stable »* de nouveaux modes de fonctionnement contribuant *« à l'émergence de communautés et de sociétés équitables et durables »*. En 2004, la charte de la diversité signée par 40 grandes entreprises s'inscrit dans cette mouvance.

Les entreprises commencent à publier des rapports sur leurs performances sociales. Les critères de mesure de la performance sociétale demandent à être précisés. Ceci pose la question de leur finalité :

- **La performance financière.** Norton et Kaplan estiment que la performance sociétale influence et influencera la valeur boursière des sociétés.

- **L'image de l'entreprise.** Les candidats, et peut-être les clients de la jeune génération, sont beaucoup plus sensibles que leurs aînés aux considérations sociétales : lutte contre la pauvreté, défense de l'environnement... Compte tenu de la pénurie des compétences et des talents, la prise en considération des valeurs individuelles est à prendre en compte par les recruteurs.

- **La motivation des salariés.** La conduite des projets sociétaux tels que celui déjà mentionné chez Danone conforte la fierté d'appartenance et le niveau d'engagement des salariés.

- **La diversité.** Source de richesse et d'intégration, la diversité permet d'élargir les sources de recrutement, d'éviter les discriminations internes liées à l'âge, au sexe, à l'appartenance ethnique ou au handicap.

- **L'employabilité.** C'est la capacité des salariés à préserver un emploi dans l'entreprise ou sur le marché du travail. Le concept de développement durable intègre le maintien de la santé des salariés et l'aptitude à conserver un emploi tout au long de la vie active. La formation professionnelle et la mobilité accompagnent la performance du salarié dans l'entreprise et assurent son employabilité au sens large. Aucune entreprise ne peut garantir un emploi à vie. Il s'agit donc de développer les capacités d'apprentissage des employés pour affronter les changements organisationnels ou technologiques et les ruptures d'activité.

**Quelques indicateurs dans les domaines
de création de valeur sociale**

Domaines de création de valeur sociale	Quelques indicateurs
Résultat économique	⚬ Évolution de la valeur boursière
Attirer et retenir les talents	⚬ Classement « image employeur » ⚬ Nombre de CV reçus ⚬ Diversité des profils recrutés ⚬ Turnover
Motivation des salariés	⚬ Niveau d'engagement des salariés
Employabilité	⚬ Nombre de salariés possédant les compétences nécessaires à l'entreprise/total des effectifs ⚬ Nombre de salariés possédant le niveau de compétences nécessaires pour trouver un emploi/ nombre total de salariés à reclasser ⚬ Maintien et développement des compétences des seniors

Mesurer la satisfaction des clients et des salariés

La satisfaction des clients

Lorsque les clients sont satisfaits et fidèles, l'entreprise a de forts atouts pour réussir. Les techniques d'enquête sont largement utilisées par les entreprises pour mesurer la satisfaction de leurs clients externes.

La plupart des actions RH ont une répercussion sur la satisfaction client : la qualité des profils recrutés, les formations offertes pour analyser et répondre aux attentes des clients, la part variable de la rémunération liée à la satisfaction client… Une baisse constatée du niveau de satisfaction client peut donner lieu à la création d'actions RH spécifiques : amélioration des compétences et des capacités organisationnelles visant à améliorer le niveau de service, à raccourcir les délais de livraison, à optimiser la qualité des produits, de l'assistance, des fiches techniques...

Centrés sur leur mission de service au sein de l'entreprise, les professionnels de la fonction RH ont une forte tendance à se focaliser sur la satisfaction des clients internes. La DRH et la direction commerciale ont tout intérêt à sensibiliser les équipes RH au suivi et à la prise en compte dans leur plan d'action des enquêtes clients externes.

L'engagement des salariés

Il relève de la capacité des entreprises à créer les conditions de motivation et d'efficacité qui incitent les collaborateurs à s'engager dans l'action et à donner le meilleur d'eux-mêmes. Ce souci propre à toutes les entreprises occidentales revêt une importance particulière en France où la valeur travail semble depuis ces dernières années subir des remises en cause particulières.

Une récente enquête conduite par l'IMD (école de management de Lausanne) auprès de 5 000 managers dans une centaine de pays place la France en 57ᵉ position parmi les 60 pays du panel pour la qualité des relations dans l'entreprise. La WVS (*World Value Survey*), enquête internationale sur les valeurs et les attitudes des membres de plus de 85 entreprises issues de différents pays, classe la France parmi les derniers pays européens pour ce qui concerne la « satisfaction au travail » et la « liberté de prendre des décisions dans son travail ». Selon le baromètre Ipsos 2012 sur le « Bien-être au travail », les salariés français affichent toujours le record européen de la démotivation, 40 % s'estiment démotivés, en progression de 2 % par rapport au précédent sondage. Dans les entreprises françaises, l'insatisfaction au travail, la déception et l'inquiétude augmentent de façon significative à partir de 40 ans. Ceci explique le désengagement des seniors et leur volonté de partir le plus tôt possible en retraite.

En France, la productivité horaire des actifs figure parmi les plus élevées des pays industrialisés, alors que le taux d'emploi y est inférieur de 10 points. La crise économique, les conséquences de la mondialisation et la pression des marchés financiers touchent tous les pays industrialisés, et notamment l'Europe. Pourtant, c'est en France que le climat d'insatisfaction des salariés apparaît le plus fort.

Les enquêtes semblent démontrer que les Français conservent le goût du travail, mais ont perdu le plaisir de travailler en entreprise. Plus qu'une remise en question de la « valeur travail », il s'agit bien d'une crise de confiance dans l'entreprise.

Des études telles que celles conduites par Bergeron et Jalette de l'université de Montréal ont pu démontrer l'influence du climat social sur la productivité et la créativité. Les critères d'engagement le plus souvent évoqués par les salariés concernent :

- l'intérêt du management pour l'individu et l'équipe, sa capacité à inspirer l'enthousiasme ;

- les possibilités de développement de carrière ;

- l'équilibre entre vie professionnelle et vie privée ;

- les signes de reconnaissances.

Le *Baromètre du leadership*, publié tous les ans par Hewitt, s'attache à identifier les facteurs qui permettent aux sociétés performantes de produire d'excellents leaders. L'étude concerne une centaine d'entreprises dans une dizaine de pays. Elle démontre le lien avec la performance financière : plus de 90 % des entreprises obtenant de très bons résultats consacrent des moyens importants à la gestion des talents et la préparation des managers.

En France, compte tenu du contexte national, la prise en compte du niveau de satisfaction des salariés devient un enjeu clé de la stratégie RH.

Exemple d'indicateurs d'engagement des salariés

Gestion sociale	• Absentéisme • Nombre de conflits annuels (prud'hommes) gérés par la DRH • Nombre de journées de grève/an
Performance	• Turnover volontaire • % de HP identifiés sur la base du référentiel managérial • % de managers reconnus pour leurs qualités de leader • % de managers formés au leadership • % de managers formés à l'utilisation des outils RH • % de managers récompensés pour leur qualité de leader et de coach • % de salariés reçus en entretien annuel • % de salariés conseillés dans leur parcours professionnel (régularité des entretiens de carrière) • % de salariés bénéficiant d'un intéressement, d'une augmentation, d'une promotion • % de salariés mutés dans un poste formateur • % de salariés n'ayant pas reçu de formation depuis deux ou trois ans • Taux d'employabilité des salariés
Création de valeur	• VA/effectif moyen • Coût du turnover • Coût de l'absentéisme • Coût des conflits, des grèves • Niveau de satisfaction des salariés concernant le système d'évaluation, de développement et de reconnaissance • Niveau de satisfaction des clients • Nombre de propositions d'innovation, d'amélioration, formulées par les salariés

Un exemple de création de valeur globale : la fonction recrutement

Dans toute entreprise, le recrutement fait partie des fonctions RH obligatoires. Comment participe-t-elle à la création de valeur globale ? Quelle influence exerce-t-elle sur le résultat ? De quel résultat s'agit-il ?

La valeur économique

L'amélioration de la productivité

Imaginons l'acquisition d'un progiciel de recrutement qui permet de gérer l'intégralité du processus, depuis l'expression de la demande par l'opérationnel jusqu'à la rédaction du contrat de travail du candidat retenu. L'efficacité de l'équipe chargée du recrutement est accrue. Elle réagit plus rapidement aux besoins exprimés, intègre et traite plus efficacement les candidatures, la circulation des CV est optimisée, le suivi des étapes d'évaluation et de validation est simplifié, les réponses aux candidats sont mieux contrôlées. Plusieurs paramètres de productivité peuvent être analysés :

- Les délais de recrutement sont plus courts depuis la mise en œuvre du logiciel et/ou se rapprochent des normes du marché (indication des délais par typologie de métier et/ou niveau d'expertise selon les professionnels du recrutement).

- Les profils sont mieux qualifiés, le *sourcing* est plus efficace, la *short-list* de candidats proposée aux opérationnels correspond mieux à leurs attentes qu'avant. À l'occasion de l'enquête de satisfaction conduite en interne, le niveau de satisfaction des opérationnels augmente sur ce point.

- Les candidats apprécient la qualité du processus de recrutement. On leur répond systématiquement et rapidement, leur dossier de candidature est mieux suivi que dans d'autres entreprises. Les jeunes diplômés des écoles référencées classent l'entreprise parmi les employeurs modèles.

- Le coût du recrutement diminue : les coûts directs avec la suppression des annonces dans la presse (les candidats postulent directement en ligne sur le site de l'entreprise ou passent par des sites de recrutement avec lesquels les prix d'achat d'espace ont été négociés) et la professionnalisation du service recrutement (faisant de moins en moins appel à des prestataires externes) ; les coûts indirects (le temps passé par les recruteurs internes et par les managers a diminué en moyenne de 10 % par recrutement ; le nombre d'échecs a diminué, le turnover des salariés de moins de deux ans d'ancienneté est passé de 10 à 5 %).

• Calcul de productivité lié au paramètre coût : coût moyen d'un recrutement en interne « après », divisé par coût moyen d'un recrutement « avant ». Coût moyen après : 2 500 €. Coût moyen avant : 3 200 €. Gain de productivité : 28 %.
Le calcul intègre l'ensemble des coûts directs amortis dans le temps (achat et amortissement du logiciel, dépenses de formation, prestations des cabinets, achat d'espace…) et indirects (temps passé pour acheter le logiciel, temps passé par les RH et les managers pour recruter avant et après la mise en œuvre du progiciel, coût du turnover).

Note : selon le degré de compétence et de responsabilité, le coût du remplacement d'un collaborateur peut varier de 6 à 36 mois de salaire (frais de gestion, coût d'intégration, perte de productivité…)[1].
Le gain de productivité d'un processus ou d'une organisation RH peut se mesurer par rapport à l'état préexistant ou sur la base d'informations disponibles sur le marché, au résultat obtenu par les professionnels ou par les concurrents. L'analyse de productivité permet à la DRH de démontrer clairement l'intérêt de l'investissement réalisé. L'amélioration de productivité constatée concerne le niveau de service et l'optimisation des coûts.

La contribution au résultat opérationnel

Prenons l'exemple d'une campagne de recrutement destinée à engager des acheteurs dans le cadre d'un programme global d'optimisation des coûts d'achat. Le responsable du département recrutement va d'abord constater l'efficacité de la campagne en termes de délais, nombre de candidatures reçues, qualité des CV, recrutements réalisés. Les indicateurs de performances établis lui permettent de contrôler l'efficacité de la campagne.

Concerné par le résultat de l'entreprise, il peut s'interroger sur la performance réalisée par l'équipe recrutée. L'atteinte ou non des résultats peut amener le responsable du recrutement, tout comme les autres acteurs du

---

1. Saratoga Institute, Californie, 2001.

processus, à s'interroger sur l'efficacité de ses méthodes et de ses outils : le *sourcing* est-il bon ? Les délais peuvent-ils encore être améliorés ? Les profils sont-ils bien adaptés ? L'expérience exigée est-elle suffisante ? La rémunération proposée permet-elle d'attirer les talents nécessaires ?

Ainsi, chez L'Oréal, la direction du recrutement suit en permanence la performance des nouveaux collaborateurs recrutés.

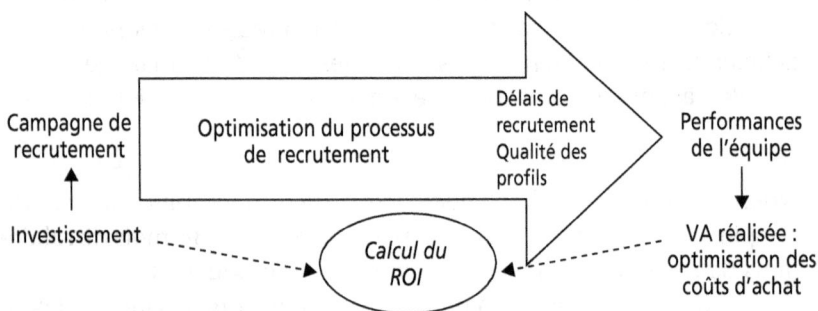

Certaines entreprises du bâtiment sont amenées à refuser la réalisation de chantiers par manque d'effectifs. La capacité de l'entreprise à recruter des équipes qualifiées aura un impact direct sur la réalisation du CA. La fonction RH ne peut pas se contenter du respect des objectifs de recrutement en nombre d'individus recrutés, selon le profil déterminé et les délais imposés. La tenue de ces engagements est nécessaire, mais insuffisante pour contribuer efficacement à créer de la valeur pour l'entreprise. L'efficacité des recrutements repose sur la qualité de l'intégration, du leadership et des moyens de motivation. La responsabilité RH dépasse le niveau technique de l'acte de recrutement.

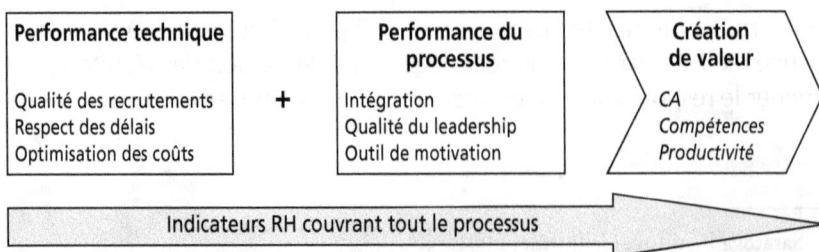

La capacité de l'entreprise à attirer et à recruter les compétences intellectuelles dont elle a besoin repose en partie sur la maîtrise du processus recrutement. Pour réussir leur mission, les professionnels de la fonction, au-delà des techniques de recrutement, ont à comprendre et à anticiper l'évolution des métiers et des ressources. Ils doivent pouvoir apporter un regard critique sur les demandes internes et conseiller les managers sur les compétences nécessaires à court et moyen terme. Leur tableau de bord inclut des indicateurs de GPEC.

La valeur sociale

Portés par la stratégie de diversité, les services de recrutement participent directement à l'image sociale de l'entreprise. Les indicateurs centrés sur la diversité permettent de suivre le recrutement des femmes, des handicapés, des collaborateurs de différentes origines ethniques, des jeunes, et maintenant des plus de 50 ans.

La valeur satisfaction

La mesure de satisfaction est l'un des éléments clés du système de pilotage du recrutement :

- satisfaction des étudiants et des stagiaires ;
- satisfaction des candidats ;
- satisfaction des nouveaux embauchés ;
- satisfaction des managers ;
- satisfaction des clients externes qui bénéficient des compétences que l'entreprise est capable d'attirer et de recruter.

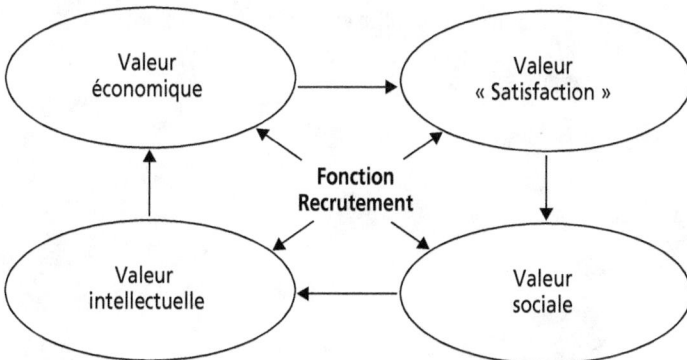

**Contribution de la fonction de recrutement
à la chaîne de valeur globale**

Récapitulatif des indicateurs de pilotage du recrutement

Typologie d'indicateurs	Exemples d'indicateurs
Gestion sociale	• Flux d'entrées • CSP recrutées • …
Performance	• Nombre de candidatures reçues • Délais de recrutement • % de recrutements réalisés/total des besoins • Nombre de visites enregistrées sur le site de recrutement, les forums • Nombre de CV déposés • Qualité de la sélection • Satisfaction des clients internes • Optimisation du coût des recrutements • …
Création de valeur globale	• ROI d'une campagne, d'un nouveau processus, d'un nouvel outil… • Satisfaction des salariés recrutés • % de compétences clés recrutées/total compétences clés à intégrer • Diversité des recrutements : % de femmes recrutées, de seniors, de handicapés • Niveau de performance des collaborateurs recrutés au bout de 18 mois • Taux de maintien en fin de période d'essais • Turnover au bout d'un an • …

III

Construire les outils de pilotage

Le dispositif de pilotage est l'un des leviers du déploiement stratégique. Piloter la fonction RH ne peut se faire qu'avec le soutien de l'ensemble des managers de l'entreprise. Le pilotage de la fonction RH s'intègre dans le système de pilotage de l'entreprise, il en respecte les normes et les principes. À tous les niveaux de décision, les tableaux de bord intègrent des indicateurs RH reliés aux priorités stratégiques et opérationnelles. Le rôle de la DRH est de contrôler la prise en compte effective, la pertinence et la cohérence des indicateurs RH qui figurent dans les différents tableaux de bord.

Le système s'articule autour des centres de décision opérationnelle de l'entreprise et des centres d'expertise de la fonction. Il intègre les structures projet de l'entreprise et les processus RH transversaux.

À l'intérieur même de la fonction RH, le système de pilotage poursuit quatre objectifs :

- Déployer la stratégie RH en cohérence avec celle de l'entreprise.

- Contrôler l'efficacité des actions RH engagées par rapport aux orientations stratégiques et aux objectifs opérationnels. Favoriser une culture de résultat au niveau des équipes RH.

- Motiver l'ensemble des professionnels de la fonction autour d'enjeux communs, donner un sens à leur action en les recentrant sur la contribution à la création de valeur.

- Favoriser la cohérence des actions RH conduites au niveau des différents centres d'expertise de la fonction en stimulant la mise en place de processus transverses et la prise en compte des indicateurs correspondants.

Le système de pilotage peut se présenter sous différentes formes selon la taille et les enjeux RH de l'entreprise. Dans certaines organisations, le tableau de bord de la DRH suffit. Il regroupe les principaux indicateurs de performance, de gestion sociale et de création de valeur. L'ensemble des autres indicateurs RH sont répartis dans les tableaux de bord des directions opérationnelles et dans les plans d'action des professionnels de la fonction. Dans des structures d'entreprise complexes ou pour des activités RH critiques, des tableaux de bord RH spécifiques peuvent être créés pour tout ou partie des processus fonctionnels ou transverses.

Le déploiement s'opère en boucles itératives, chaque composante alimentant et enrichissant les autres. Il est essentiel que les orientations stratégiques irriguent l'ensemble, il est tout aussi important que le résultat des différents niveaux de contrôle opérationnel et fonctionnel soit pris en compte pour étayer les choix stratégiques. De nombreuses entreprises adoptent en parallèle à leur processus budgétaire classique la mise en place de plans glissants qui permettent de réactualiser les prévisions à intervalle régulier, environ tous les trois mois. Cette démarche convient bien au pilotage RH qui intègre les priorités du business et les spécificités des entités opérationnelles, tout en préservant les intérêts à long terme de l'entreprise.

Le processus de pilotage permet ainsi de planifier et d'organiser les actions RH en fonction des orientations stratégiques et budgétaires, et de contrôler leur performance au fur et à mesure de leur mise en œuvre et dans la durée. Le résultat de certaines actions RH peut être évalué à très court terme (acquisition de compétences spécifiques, nombre de candidats recrutés, mise en place d'un bonus, règlement de conflits…), d'autres nécessitent un recul de plusieurs mois, voire de plusieurs années (gestion de carrière des hauts potentiels, formation au management, mise en place d'un système d'entretien annuel, management des compétences, gestion des seniors…). Les seconds procèdent souvent de la construction progressive de résultats intermédiaires qu'il est indispensable d'identifier et de suivre à court terme.

> Une des problématiques majeures de la fonction RH consiste à créer des synergies entre les différentes entités opérationnelles en vue de les fédérer autour des enjeux RH communs. Ceci repose en grande partie sur la pertinence des indicateurs RH intégrés dans les différents tableaux de bord. Les indicateurs spécifiques sont complétés par des indicateurs communs.

La mise en place du système de pilotage RH et de ses référentiels de mesure induit des compétences et des modes de fonctionnement spécifiques :

- Les RRH doivent se familiariser avec les techniques de gestion financière et de reporting économique afin de pouvoir mesurer l'impact des actions RH sur la création de valeur de l'entreprise ;

- Les managers opérationnels doivent être sensibilisés aux conséquences de leurs décisions sur le développement du capital humain à court, moyen et long terme.

La qualité du reporting RH repose sur l'automatisation, l'accélération et la fiabilité des informations économiques et sociales. Les entreprises qui professionnalisent leurs pratiques de reporting social utilisent des outils informatiques qui permettent de collecter les informations pertinentes, de vérifier leur fiabilité, de consolider les indicateurs et de dégager une vision de l'impact de la politique RH sur les résultats économiques. Progressivement, des outils dédiés remplacent les fichiers Excel et les échanges d'information par courriels.

> La constitution d'un référentiel de mesure, la préparation des RRH et des managers, la mise en place d'outils informatiques spécifiques demandent du temps. Le rodage d'un système de pilotage RH exige deux à trois exercices budgétaires.

Dans cette troisième partie, nous allons aborder la méthodologie de mise en place du système de pilotage et la constitution des tableaux de bord RH :

- Le déploiement stratégique.

- L'élaboration des tableaux de bord :

  - la préparation du plan d'action RH,
  - les indicateurs RH suivis par la direction générale,
  - les indicateurs RH des directions opérationnelles (RH business partner),
  - le tableau de bord de la DRH et le calcul du ROI,
  - le tableau de bord d'un projet RH,
  - les tableaux de bord des processus RH : fonctionnels et transverses.

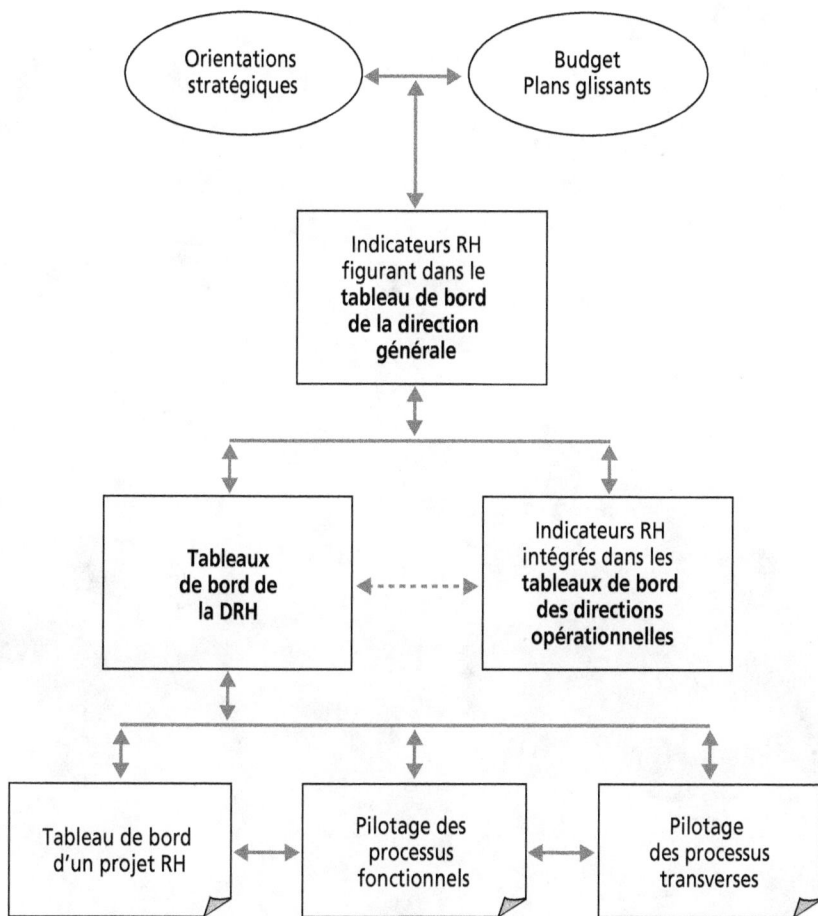

Un système itératif

De la stratégie d'entreprise au plan d'action RH

L'art de la stratégie n'est plus ce qu'il était. Au sein de l'économie actuelle, rien n'est acquis définitivement. L'entreprise qui réussit est celle qui parvient à générer des profits qui lui permettent de réaliser les investissements nécessaires à son développement. L'objectif d'une entreprise est d'accroître sa capacité économique, plutôt que ses profits en tant que tels. Une firme qui augmente à court terme ses bénéfices, sans préserver et développer sa capacité économique, détruit sa valeur. Celle-ci dépend en grande partie de l'avantage concurrentiel qui distingue l'entreprise de ses concurrents, tant que ces derniers ne parviennent pas à l'imiter. Aujourd'hui, les avantages concurrentiels ne reposent plus uniquement sur l'adaptation de l'offre et sur la capacité d'innovation, mais également sur l'image « sociétale » de l'entreprise. *« Les vraies réussites sont celles que l'on partage »*, déclare Xavier Huillard, le président de Vinci. La phrase est reprise dans la campagne institutionnelle du groupe. L'entreprise qui, en dix ans, a multiplié son CA par trois et son résultat net par vingt et un affiche sa volonté d'équilibre entre la satisfaction des actionnaires et le développement de son projet social et humain. *« Nous croyons qu'une réussite économique est indissociable d'un projet humain ambitieux »*, précise le président dans son message aux actionnaires. Sa stratégie RH vise à créer des emplois durables, à proposer une formation à chacun, à promouvoir la diversité et à garantir l'égalité des chances, à aider chaque salarié à devenir actionnaire et à encourager l'engagement citoyen des collaborateurs de l'entreprise.

Dans sa stratégie de création de valeur, le chef d'entreprise et son DRH vont ainsi devoir conjuguer tous les éléments de la performance économique et de la durabilité. Les problèmes démographiques actuels et à venir, la rapidité d'évolution des connaissances transforment le facteur humain en actif stratégique. Les entreprises trouvent plus facilement des capitaux que certaines compétences. La maîtrise du capital humain est un facteur clé de réussite, la stratégie RH doit permettre de sécuriser les compétences critiques.

> Longtemps cantonnés dans un rôle d'expert en gestion administrative et sociale, les professionnels de la fonction sont aujourd'hui impliqués dans la démarche stratégique. Ils doivent anticiper les évolutions techniques et sociales, développer une vision globale et influencer les décisions stratégiques en s'appuyant sur des arguments économiques.

Les dispositifs relatifs à la loi de cohésion sociale (loi Borloo du 18 janvier 2005) créent l'obligation d'anticiper les effets prévisibles de la stratégie de l'entreprise sur l'emploi. Dans les sociétés de plus de 300 personnes, les RRH sont amenés à mettre en place un processus d'information et de consultation du comité d'entreprise sur la stratégie de l'entreprise, intégrant le volet GPEC. La nouveauté de ce dispositif ne repose pas sur la communication des informations économiques et financières – celles-ci figuraient déjà dans les rapports annuels destinés aux CE et aux actionnaires –, mais bien sur les conséquences de la stratégie sur l'emploi et sur les salaires ; quelle que soit l'issue des négociations conduites dans cette première étape, les entreprises concernées ont également l'obligation de définir et mettre en place un dispositif de GPEC incluant les mesures d'accompagnement telles que l'identification et le développement des compétences, la formation, la mobilité.

La performance de l'entreprise dépend de sa capacité à fédérer l'intelligence collective. Le processus stratégique ne peut plus relever d'une démarche *top down*. Compte tenu de la complexité croissante des problèmes de gestion, de la montée de l'incertitude et de l'évolution des connaissances, la réflexion qui précède l'élaboration du plan concerne les experts et les opérationnels de l'organisation. Ces derniers, impliqués dans l'avenir de leur entreprise, doivent pouvoir exprimer leur analyse et leur vision. C'est le premier facteur de succès du processus stratégique. Les DRH sont aujourd'hui intégrés dans la décision stratégique. La valeur de leur expertise porte sur leur capacité d'anticipation, d'analyse et leur force de conviction pour démontrer l'intérêt des solutions RH qu'ils préconisent. Ces dernières vont conforter la faisabilité des actions envisagées et accompagner le déploiement stratégique. Il faut se souvenir que 70 % des échecs de stratégie seraient dus à la mauvaise exécution du plan, 52 % des décisions stratégiques n'étant pas mis en œuvre[1].

Lorsque les orientations stratégiques ont été définies deux étapes primordiales restent à franchir :

- **La communication des orientations.** L'entreprise utilise de multiples moyens d'information pour communiquer sa stratégie : séminaires, journaux internes, conférences, intranet… Pourtant, dans mes missions de conseil, je suis souvent étonnée de constater la difficulté que certains managers et collaborateurs éprouvent pour relier leur domaine de responsabilité aux enjeux de l'entreprise. Les objectifs individuels sont clairs, les orientations stratégiques sont connues, mais l'impact de la performance individuelle sur le résultat collectif reste flou. La contribution de l'individu ou de l'équipe à la création de valeur de l'entreprise n'est pas clairement établie. En juillet 2006, l'étude conduite par Inergie à la demande de l'ANDCP et de l'Afci auprès de 3 500 cadres appartenant à une vingtaine d'entreprises de différents secteurs, révèle que :

  - seul un manager interrogé sur deux se déclare motivé par la stratégie de son entreprise ;

---

1. Sources : "Why CEOs Fail", *Fortune*, June 21, 1999 ; Harold Kerzner, "In Search of Excellence in Project Management", McKinsey, Harris Interactive & Franklin Covey, 2002.

- un sur trois n'a pas le sentiment de jouer un rôle décisif dans la transmission de l'information dans son entreprise ;
- 44 % sont en attente d'une information plus transparente et objective.

• **L'implication des managers dans le déploiement stratégique** est essentielle.

> Selon des études conduites par la Havard Business School,
> améliorer de 35 % la qualité du déploiement stratégique
> conduit à une augmentation de 30 % de la valeur de l'action.

Le fait qu'un manager informé des orientations stratégiques n'établisse pas de lien clair entre les objectifs de son équipe et les enjeux de l'entreprise est extrêmement préoccupant pour l'organisation. Ce comportement peut dénoter un manque de motivation et/ou de savoir-faire. Le manager n'est pas motivé parce qu'il ne croit pas ou n'adhère pas aux orientations affichées ; le plus souvent, il estime ces orientations loin de ses préoccupations quotidiennes. Il ne les utilise pas comme levier de mobilisation de ses équipes. Les objectifs opérationnels qu'il fixe sont centrés sur la performance de l'activité et de l'individu, sans lien établi avec les grands enjeux de l'entreprise.

> L'efficacité du déploiement stratégique implique la
> mobilisation et la formation des managers à tous les échelons
> de la hiérarchie. Les processus RH, formation des managers,
> communication interne, management des performances,
> politique de rémunération ont pour mission d'accompagner le
> déploiement. Ces processus constituent des leviers
> indispensables pour relayer l'information stratégique.
> Ceci implique pour les RRH, outre la vigilance sur le contenu
> des informations véhiculées au travers des processus,
> la sensibilisation et la préparation des leaders à la
> communication et à la mobilisation des équipes
> autour des enjeux de l'entreprise.

Les approches de type *team building* sont dans ce domaine très efficaces. Elles accompagnent le manager dans le déploiement stratégique en lui permettant de développer des savoir-faire et de vérifier l'impact de la communication sur la motivation et la performance individuelle et collective de ses collaborateurs.

Exemple du Club Med. Mobiliser l'intelligence collective :
« Cap sur l'incomparable »

Leader mondial des villages de vacances, le Club Méditerranée bénéficie d'une notoriété internationale. Au début des années 2000, l'entreprise se trouve confrontée aux difficultés rencontrées par l'ensemble du secteur touristique : guerre en Irak, épidémie de pneumopathie atypique, cataclysmes, menaces et attentats terroristes, mauvaise conjoncture économique... Dès son arrivée aux commandes de l'entreprise, le nouveau PDG, Henri Giscard d'Estaing, s'attaque à la réduction des foyers de perte. Une fois les comptes verrouillés, il met en place une nouvelle stratégie en opérant un virage stratégique vers le luxe. Entre 2001 et 2003, le club avait perdu 35 000 clients. En misant sur le créneau haut de gamme pour enrayer la détérioration de son résultat, le groupe décide de bouleverser les codes culturels qui ont fait son histoire. Il s'agit de passer d'un univers de vacances sportives et décontractées à un tourisme haut de gamme, multiculturel et convivial. S'adapter sans perdre son âme. Le projet baptisé « Cap sur l'incomparable » va permettre à l'entreprise de renouer avec les bénéfices. Dix ans plus tard, malgré les difficultés du secteur, le Club affiche, sur 2012, un chiffre d'affaires en hausse de 3,7 % à 1,5 milliard d'euros et un bénéfice de 2 M€. Le président, Henri Giscard d'Estaing, annonce une hausse de 7 % du nombre de clients 4 et 5 Tridents (+ 57 000) dont l'offre représente désormais les deux tiers de la capacité (68 % du parc).

La réussite du projet, précise le président, repose sur deux axes :

- La satisfaction d'une clientèle ciblée qui se voit proposer une offre adaptée à ses besoins.

- La mobilisation des ressources humaines pour satisfaire les clients.

À l'occasion de la remise des trophées des binômes PDG/DRH 2007 organisée par le groupe RH & M, Olivier Sastre, alors DRH du Club Med, précisait que la nouvelle stratégie avait représenté un réel virage culturel pour les 16 000 salariés de l'entreprise. Les « GO » ont dû développer de nouvelles compétences et de nouveaux comportements. Engagé depuis le départ dans la décision stratégique, le DRH avait convaincu le comité exécutif que pour réussir le plan, une mobilisation massive des collaborateurs et une implication particulière de l'encadrement seraient nécessaires. *« Il fallait que le mouvement vienne de la base, nous devions utiliser l'intelligence collective, donner du sens à notre action, mobiliser le management intermédiaire. »* Un vaste programme de *task force* est alors organisé : 3 000 managers sont invités à définir, dans le cadre de la nouvelle stratégie, le « Club Med du futur ». Les collaborateurs consultés s'approprient progressivement le projet, redéfinissent ensemble les conditions du succès. *« Pour réussir, les hommes et les femmes de l'entreprise doivent "porter" le nouveau positionnement et en être fiers »*, soulignait Olivier Sastre. L'enquête conduite en 2006 auprès des clients du Club indique un taux de satisfaction qui frôle les 90 %. Un résultat équivalent est obtenu au travers de l'enquête interne mesurant la satisfaction des salariés.

La phase d'appropriation des enjeux écoulée, la DRH s'attache désormais aux détails des comportements qui doivent répondre aux exigences de la clientèle haut de gamme.

En 2011, le Club Med a gagné 130 000 clients sur le haut de gamme (4 et 5 Tridents) ; le taux de satisfaction de ses clients n'a jamais été aussi élevé. L'entreprise gagne des parts de marché et en développe de nouvelles dans le monde, notamment en Chine.

L'élaboration des tableaux de bord

L'exemple du Club Med illustre tout à la fois le rôle clé de la fonction RH dans le déploiement stratégique et la nécessité d'appropriation des enjeux par le management intermédiaire. Aligner le plan d'action RH sur la stratégie de l'entreprise passe par une démarche de consultation et de mobilisation des experts de la fonction – responsables de la formation, du recrutement, de la gestion des carrières, du SIRH, des relations sociales… – et des RRH des activités opérationnelles. C'est une excellente opportunité pour réunir les équipes RH, les fédérer et les motiver autour d'enjeux communs. Le temps investi pour préparer, ensemble, un plan d'action RH, aligné sur la stratégie de l'entreprise, est créateur de valeur. La réflexion commune apporte un sens à l'action individuelle et collective, elle favorise l'interaction et l'enrichissement des solutions techniques, elle permet de recentrer l'action sur les résultats de l'entreprise et de faire tomber les barrières entre les processus fonctionnels.

Le groupe de réflexion chargé de préparer le plan d'action se réunit généralement deux à trois fois pour préparer un projet de plan d'action directement décliné des enjeux stratégiques. Le projet est ensuite validé par le management, la direction générale et les directions opérationnelles, et par la communauté des RRH.

La préparation du plan d'action RH

La clarification des enjeux stratégiques

La première réunion commence par une phase d'information, au cours de laquelle le DRH, ou le directeur général, convié à cette occasion, communique les enjeux stratégiques. Elle se poursuit par une phase de *brainstorming* qui doit permettre aux participants de se réapproprier la stratégie. Ils identifient leur contribution à la réalisation des enjeux, appréhendent le lien plus ou moins direct entre leurs actions et le résultat économique. Dans les entreprises où la stratégie n'est pas formalisée, le DRH peut commencer la réunion par une phase de questionnement :

- Quels sont les enjeux que doit impérativement réaliser l'entreprise pour assurer son développement ?

- Quels sont les niveaux de performance, de résultat à atteindre ?

- Quels sont les principaux atouts et les difficultés à vaincre pour y parvenir ?

- L'entreprise dispose-t-elle aujourd'hui des compétences, des ressources, des capacités organisationnelles qui lui sont nécessaires ?

- Quelles sont les incidences sur le climat social ?

- Quels sont les grands chantiers RH à mettre en œuvre ? …

Cette phase, rappelons-le, correspond aux exigences des dispositifs relatifs à la GPEC. La démarche doit permettre de clarifier l'évolution de l'organisation en fonction des enjeux économiques et mettre en évidence les risques sociaux éventuels. La réalisation des projets d'adaptation des emplois aux évolutions envisagées implique la mise en œuvre d'outils et de pratiques RH avérées :

- qualité des référentiels de compétences (postes, métiers, et individuels) ;

- clarté du projet d'adaptation des emplois aux évolutions envisagées (évolution des compétences et de l'organisation du travail, incidence sur les qualifications et les rémunérations…) ;

- analyse des écarts entre les ressources nécessaires et les ressources existantes et identification des solutions envisagées pour réduire ces écarts (dispositifs de formation, de mobilité, plan de recrutement…) ;

- capacité de mise en œuvre du plan d'action ;

- association des partenaires sociaux tout au long du processus ;

- communication aux salariés (information collective et individuelle, conseil et soutien à l'évolution de carrière) ;

- qualité juridique du contenu des accords et des procédures de négociation.

Il est possible de respecter les contraintes légales de la GPEC sans passer par un travail collectif réunissant les équipes RH. Dans le cadre d'une démarche de pilotage, l'élaboration du plan d'action RH et son alignement sur la stratégie gagnent à partir d'une réflexion commune.

Les facteurs clés de succès

Pour chacun des enjeux stratégiques retenus, le groupe de travail RH aborde la question des facteurs clés de succès.

Il s'agit en premier lieu de déterminer les facteurs qui influencent directement le résultat financier et la satisfaction client, puis de déterminer ceux propres au développement des compétences et à la mise en œuvre des processus performants.

Ces facteurs de succès, appelés également « vecteurs de valeur », jouent un rôle fondamental dans la recherche de création de valeur.

Prenons un exemple : quels sont les principaux facteurs de succès pour parvenir à développer une clientèle haut de gamme dans une chaîne hôtelière :

- La rénovation et la mise à niveau dans les délais prévus des installations nécessaires (conditions de réalisation du CA et du ROI) ?
- Le niveau du service et la qualité des prestations offertes (attractivité et satisfaction des clients) ?
- La disponibilité d'un personnel compétent, motivé, multiculturel ?
- Les facilités de réservation et de paiement ?
- Les facilités d'accès, la qualité de la communication ?
- La sécurité ? ...

Les trois derniers facteurs relevant de la qualité des processus et du système d'information.

Les actions RH à mettre en œuvre

Les enjeux ayant été spécifiés et les facteurs de succès correspondant identifiés, le groupe de réflexion RH détermine les actions RH qui sont reliées aux deux premiers points.

> Il ne s'agit pas de dresser un catalogue complet
> des actions RH, mais de mettre l'accent sur celles
> qui vont se révéler critiques pour atteindre le résultat.

Dans l'exemple utilisé précédemment, les actions RH critiques peuvent porter sur :

- le recrutement de collaborateurs dans le cas de création d'hôtels ;
- la diminution du turnover ou de l'absentéisme des équipes ;
- l'organisation des équipes et du temps de travail ;
- la formation des collaborateurs en place lorsque les hôtels existent mais que l'offre de service évolue ;
- la mise en place d'une politique de rémunération adaptée pour attirer de nouveaux collaborateurs ou motiver les anciens ;

- l'ajustement de la masse salariale aux ambitions et aux exigences de résultat de l'entreprise ;

- la formation des managers à l'animation d'équipes multiculturelles s'adressant à une clientèle internationale ;

- la révision du référentiel de compétences...

Les indicateurs de mesure des actions RH

On ne peut pas piloter ce que l'on ne mesure pas. Ce quatrième point apporte la rigueur indispensable à l'exercice d'alignement stratégique. Pris par l'enthousiasme, les participants au groupe de réflexion peuvent faire preuve d'une grande créativité et gommer les difficultés de mise en œuvre.

> La détermination des indicateurs
> et des niveaux de performance ramènent
> à des considérations réalistes.

Dans certains cas, les actions et les objectifs étant déjà identifiés, l'intérêt de l'exercice porte sur la confirmation de la prévision, son lien avec l'enjeu stratégique et la prise en compte par les autres membres du groupe de l'effort à réaliser. Le RRH mesure, par exemple, la nécessité de mettre en place un nouveau processus ou de nouvelles règles de recrutement, le responsable de recrutement comprend la nécessité d'intégrer un nouveau référentiel de compétences dans son processus de sélection, le responsable de la formation réoriente son programme en fonction des enjeux stratégiques... Dans d'autres cas, des actions nouvelles apparaissent ou prennent la priorité. Les indicateurs doivent être précisés. L'exercice conduit en commun permet de bâtir des indicateurs pertinents et de caler le niveau de performance RH sur le résultat économique.

L'indicateur et le niveau de performance obéissent au principe des objectifs SMART. Ils seront spécifiques, mesurables, atteignables, réalistes et planifiés dans le temps.

- Cinquante collaborateurs seront recrutés au deuxième trimestre (délais de mise à disposition des services aux clients respectés).

- Le nouveau référentiel précisera les compétences critiques disponibles au premier trimestre.

- 70 % du personnel seront formés à l'accueil avant mars, le taux de satisfaction client devra être de 95 %.

- La mise en place de la nouvelle procédure sécurité en avril visera le respect des objectifs de sécurité (zéro vol dans les chambres, diminution des accidents du travail de x %...)...

Les étapes de constitution	Exemple de déclinaison d'un enjeu stratégique
Les enjeux stratégiques de l'entreprise	→ Conserver la position de leader
Les principaux facteurs de succès	→ La satisfaction des clients
Les actions RH correspondantes	→ Programme de formation à la qualité/satisfaction client Intéressement lié à la satisfaction client
Les indicateurs et niveau de performance	→ % de salariés formés % du budget formation consacré à la qualité/satisfaction client % de salariés ayant touché la prime d'intéressement % de clients satisfaits

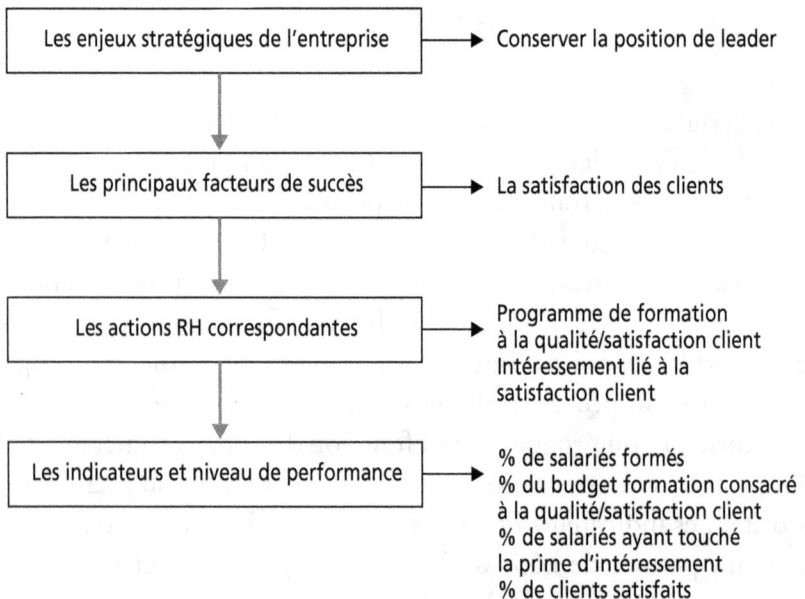

Déclinaison du plan d'action RH

Exemple de déploiement stratégique

Cet exemple s'appuie sur une expérience conduite dans une grande entreprise du secteur du BTP. Avec un effectif de plus de 10 000 personnes et un CA qui frôle les deux milliards d'euros, la société se place parmi les premières entreprises de construction française. Le savoir-faire de ses équipes est reconnu sur tout le territoire national.

À l'époque où se situe l'étude, le secteur de la construction en France est en pleine croissance, l'emploi y connaît pour la neuvième année consécutive une forte hausse. Les entreprises font face à une pénurie de main-d'œuvre qui ne cesse de s'accentuer. D'une manière générale, elles recherchent toutes des compétences et des qualifications élevées pour répondre aux évolutions techniques et aux besoins d'innovation. Confrontées au choc démographique, elles commencent à voir partir la génération des baby-boomers. Les experts prévoyaient le départ de 27 % de la population active du BTP dans les quatre années à venir.

L'entreprise, qui tient à maintenir le niveau de satisfaction de ses clients en respectant les délais et la qualité des réalisations, est amenée à refuser certains chantiers par manque d'effectif. Qui plus est, le secteur de la construction vit une révolution économique, technique et culturelle : le poids des utilisateurs finaux s'avère de plus en plus prépondérant dans les décisions, les investisseurs commencent à introduire des critères de respect de l'environnement et de déontologie sociale pour sélectionner les entreprises dans lesquelles ils sont susceptibles de prendre des participations, les entreprises sont progressivement tenues de jouer un rôle social au sein de la collectivité. Les efforts que doivent consentir les entreprises dans la mise à niveau des équipements et des compétences obligent à revisiter les métiers du BTP pour répondre aux exigences de la nouvelle économie et du développement durable.

Vigilante sur sa performance financière, la société continue les efforts de productivité qui lui ont déjà permis de gagner plus de deux points de rentabilité en trois ans. Pour la direction générale, il n'est pas question que l'atteinte de l'objectif financier porte préjudice à la qualité des prestations et à la sécurité du personnel. L'entreprise doit continuer d'innover afin de tenir ses engagements techniques et commerciaux. Dans le même temps, le nombre d'accidents du travail jugé encore trop élevé doit impérativement diminuer.

Le DRH, soucieux de mobiliser les équipes RH autour de ces différents défis, décide d'organiser un groupe de travail restreint afin de préparer un projet de « plan de route » pour les deux années à venir. Ce travail sera présenté, discuté et enrichi par l'ensemble des RRH au cours d'une journée de séminaire organisé à cet effet. Le projet ainsi validé sera soumis à l'approbation du comité exécutif.

Notre cabinet de conseil est chargé d'accompagner l'ensemble du projet. L'étape de préparation nécessitera cinq réunions d'environ trois heures. Entre chaque réunion, les analyses et les idées seront testées auprès des managers. L'équipe ne doit pas perdre de vue la valeur ajoutée des actions envisagées pour faciliter le résultat opérationnel.

Le groupe restreint identifie cinq enjeux stratégiques nécessitant la mise en place d'un plan d'action RH spécifique :

- Assurer une croissance durable du résultat.
- Accompagner la progression du CA.
- Devenir une entreprise sans accident.
- Attirer, développer et fidéliser les talents.
- Maintenir et développer les compétences clés pour l'organisation.

Chaque enjeu stratégique fait l'objet d'une analyse et de propositions spécifiques. Le travail se fait en trois étapes.

- Identification des facteurs clés de réussite liés à l'enjeu.
- Définition des actions RH correspondantes.
- Identification des indicateurs de performances RH relatifs à ces actions.

L'ensemble des actions et des indicateurs retenus sont intégrés dans un tableau de bord global piloté par la DRH. Les projets sont transversaux, chaque RRH à son niveau est concerné par la réalisation des objectifs. Certaines entités opérationnelles, plus directement touchées ou motivées par telle ou telle typologie d'action, se voient confier la responsabilité d'en animer la réalisation. Des entités pilotes sont désignées. Les fonctions centrales – recrutement, gestion des compétences, développement des talents, relations sociales – sont impliquées, elles animent ou apportent leur soutien technique pour réaliser les actions relevant de leur domaine.

Exemple de déploiement d'un enjeu stratégique

Enjeu stratégique	Facteurs de succès	Actions RH prioritaires	Indicateurs
Assurer une croissance durable du résultat	Amélioration de la productivité	Identification et diffusion des meilleures pratiques d'organisation entre filiales Accentuation de la préparation de chantier et des méthodes par la mise en place d'un référentiel Préservation des savoir-faire dans un marché de pénurie par une organisation formalisée de la transmission des savoirs Intégration de la notion de productivité dans les programmes de formation technique Travail sur les facteurs de motivation visant particulièrement les compagnons : Formations qualifiantes, VAE… Définition de trajectoires professionnelles et de parcours formateurs Aménagement de la politique de rémunération Formation de l'encadrement pour favoriser la reconnaissance et la motivation	Nombre d'heures gagnées (par rapport au budget d'heures initial) par chantier Nombre de compagnons formés Nombre d'accords d'intéressement signés Nombre de chefs de chantier formés au management Diffusion du référentiel méthode

Les indicateurs RH suivis par la direction générale

> Un tableau de bord, pour être efficace, doit fournir des
> indicateurs pertinents, reliés à la stratégie, utiles aux
> membres de la direction générale pour anticiper les
> problèmes et prendre des décisions. Un tableau de bord
> qui contient trop d'indicateurs n'est pas lu.

À partir d'indicateurs bien choisis, l'analyse doit pouvoir se focaliser sur des ordres de grandeur plus que sur de strictes données comptables. Les éléments du tableau de bord ont pour but de réaliser des comparaisons d'une année sur l'autre, avec d'autres sociétés ou entre activités au sein d'une même entreprise. Ces dernières années, la part réservée aux indicateurs financiers tend à diminuer au profit des indicateurs opérationnels, commerciaux et RH.

Le DRH doit convaincre le management de mesurer l'efficacité des systèmes RH sur le résultat des actions engagées, et non uniquement sur les coûts engendrés. Traditionnellement, la direction générale suit les grands indicateurs de gestion sociale : évolution des effectifs et de la masse salariale, pourcentage de la masse salariale consacrée à la formation, absentéisme, turnover… qui lui permettent de contrôler la rentabilité et le climat social.

Les entreprises les plus performantes intègrent dans leur système de pilotage les éléments de mesure centrés sur la création de valeur. À ce titre, le concept de *Balanced Scorecard* (BSC) est particulièrement approprié au pilotage de la fonction RH. La Balanced Scorecard est utilisée comme un outil de management destiné à communiquer et à déployer la stratégie d'une entreprise en adoptant une démarche globale. Le modèle dépasse la prise en compte des critères financiers qui ne sont plus considérés comme unique révélateur de la performance de l'entreprise.

Les quatre dimensions de la démarche développée par Roger Kaplan et David Norton dans les années 1990 couvrent les éléments clés de la performance RH.

Rappel des quatre axes traditionnels de la BSC

Processus	Commercial
Nos processus sont-ils adaptés à nos enjeux et aux attentes de nos clients ?	Comment optimiser la relation client, satisfaire au mieux ses attentes ?
Développement	**Financier**
Quelles sont les conditions à mettre en place pour nous améliorer en permanence ? Management des compétences, gestion des talents ou tout ce qui touche le développement durable…	Quels sont nos objectifs financiers prioritaires ?

La dimension financière

Il s'agit de contrôler l'impact direct ou indirect de la stratégie RH sur le résultat économique de l'entreprise. Dans ce chapitre comme dans les autres dimensions de la BSC, entrent des indicateurs permanents et des indicateurs conjoncturels liés spécifiquement aux enjeux stratégiques. Ces derniers seront suivis temporairement en fonction des délais nécessaires pour atteindre l'objectif de progrès déterminé :

- **Les indicateurs permanents.** Ils correspondent :

  - au ratio de rentabilité de l'ensemble du personnel :

$$\frac{\text{Masse salariale}}{\text{Valeur ajoutée}}$$

– et au ratio de productivité de la fonction RH :

$$\frac{\text{Frais de personnel}}{\text{Valeur ajoutée}}$$

* **Les indicateurs conjoncturels.** Ils sont à définir en fonction des enjeux stratégiques. Ils peuvent être rapportés à une population précise, critique pour la réussite de l'entreprise (masse salariale R&D/valeur ajoutée), soit à un investissement RH spécifique (coût d'un programme de formation touchant un pourcentage élevé de la population/frais de personnel), soit à un dysfonctionnement que l'entreprise souhaite corriger (coût du turnover/ masse salariale). L'allongement de la vie professionnelle et les vagues de départ de la génération des baby-boomers contraignent les entreprises à suivre le coût des engagements sociaux (indemnités de départ en retraite, régime de retraite complémentaire, DIF, CET…) qui vont peser sur le résultat de l'entreprise à court, moyen et long terme. L'obligation introduite dans la comptabilité française (normes IAS/IFRS) nécessite la réalisation d'un bilan actuariel placé sous la responsabilité de la direction financière. La mise en place du processus de gestion des âges peut s'accompagner d'indicateurs maîtrisés par la DRH tels que le coût annuel prévisionnel des engagements sociaux négocié par la DRH/la valeur ajoutée.

La satisfaction client

Les actions RH participent-elles à la création d'avantages concurrentiels ? Comment la stratégie RH facilite-t-elle l'innovation, l'adaptation aux besoins des clients et la qualité du service ?

* **Les indicateurs permanents.** Ils correspondent :

– à la productivité commerciale de l'organisation :

$$\frac{\text{Chiffre d'affaires}}{\text{Effectif moyen}}$$

– et à la rentabilité des actions RH toutes confondues sur la réalisation des objectifs commerciaux :

$$\frac{\text{Frais de personnel}}{\text{CA}}$$

• **Les indicateurs conjoncturels.** Ils permettent de vérifier l'évolution du niveau de satisfaction des clients externes lié à la mise en œuvre d'une action RH spécifique (recrutement d'experts aprèsvente, campagne de formation qualité, déploiement des valeurs orientées clients…), ou à la mise en place d'une action RH visant la correction d'un dysfonctionnement (diminution des réclamations clients liées à la mise en place d'un intéressement, d'une nouvelle organisation ou de la redéfinition des compétences…).

L'excellence des processus internes

Qu'il s'agisse des processus RH eux-mêmes ou de leur contribution aux différents processus de l'entreprise – création de produit, qualité, fabrication, système d'information… :

• **Les indicateurs permanents** vont porter sur les processus RH critiques pour l'entreprise : il peut s'agir de la capacité de l'entreprise à « attirer et à retenir les talents » (des indicateurs comme l'évolution du turnover des talents et le taux de remplacement des fonctions clés sont généralement suivis de près par la direction générale) ou encore de la « gestion du risque social », avec des indicateurs portant sur les heures de délégation utilisées, les coûts directs et indirects des conflits sociaux…

• **Les indicateurs conjoncturels** auront pour but de contrôler la contribution de la fonction RH à la mise en place de processus stratégiques tels que le management de l'innovation (par exemple, le nombre de brevets déposés par les experts…) ou la gestion de la qualité (par exemple, le pourcentage de salariés formés à la démarche qualité). L'évolution de certains processus

RH peut également faire l'objet d'indicateurs conjoncturels. On peut penser à la mise en place d'un SIRH avec des indicateurs tels que le calcul des ETP (équivalent temps plein) nécessaires à l'administration du personnel. Lorsque le système est rodé, ces indicateurs ne figurent plus parmi les indicateurs remontés à la direction générale.

La capacité de développement de l'organisation

Ce dernier domaine concerne en particulier la fonction RH au travers de la conduite du changement, du management des compétences et de la performance. Les indicateurs seront là encore permanents ou conjoncturels, selon la problématique stratégique de l'entreprise. Il serait souhaitable que la direction générale puisse suivre en permanence le taux de couverture des compétences critiques (écart entre les compétences stratégiques indispensables au développement de l'entreprise et les ressources disponibles) et la distribution des niveaux de performance atteints pour l'ensemble du personnel ou par population cible.

> Le nombre d'indicateurs RH intégrés
> dans le tableau de bord de la direction générale
> ne doit pas excéder une dizaine.

Ils ont pour finalité de focaliser la réflexion du comité de direction sur la création de valeur de la fonction RH, sa contribution directe ou indirecte aux résultats économiques et à la mise en œuvre du plan stratégique. Le tableau de bord doit permettre d'avoir une vision rapide des actions mises en œuvre, des écarts par rapport aux objectifs visés et des changements à opérer. Pour les entreprises qui utilisent la BSC, les indicateurs de pilotage RH s'inscrivent naturellement dans chaque partie du dispositif. Pour les autres, le choix des indicateurs peut s'inspirer de la démarche, notamment pour ceux qui intéressent la direction générale.

Les ratios financiers

CA/effectif moyen	Indicateur un peu grossier mais très utile	Il traduit la performance commerciale de l'entreprise pour un effectif donné
VA/effectif moyen	Indicateur plus pertinent	Ratio de productivité des salariés
EBE (excédent brut d'exploitation)/effectif moyen	Indicateur pertinent	Bénéfices générés par les salariés
Charges de personnel/ effectif moyen	Contrôle des coûts salariaux	Salaire moyen de l'ensemble des salariés

**Exemple d'indicateurs RH suivis par la direction générale,
inspiré du modèle de la BSC**

Domaine		Objectif	Indicateurs	Année N–1[a]	Année	N+1	N+2	N+3	Performance visée[b]
Résultat financier	P	Rentabilité	◦ MS/valeur ajoutée						
			◦ Frais de Pel/valeur ajoutée						
	C	Réduction du turnover	◦ Coût du turnover/MS						
Satisfaction clients	P	Productivité commerciale	◦ CA/effectif moyen						
			◦ Frais de Pel/CA						
	C	Satisfaction client	◦ Évolution du niveau de satisfaction client lié à la mise en place d'un processus ou d'une action RH (formation, intéressement, recrutement…)						
Processus	P	Gestion du risque social	◦ Coûts directs et indirects des conflits sociaux						
		Attirer et retenir les talents	◦ Turnover des talents						
			◦ Taux de remplacement des fonctions clés						
	C	Innovation	◦ Nombre de brevets déposés						
Capacité de développement	P	Management des compétences	◦ Taux de couverture des compétences critiques						
		Management de la performance	◦ % de collaborateurs performants/population totale						

a. Les résultats constatés l'année précédente, l'année en cours et à horizon du plan.
b. La performance idéale visée à horizon déterminé.

Les indicateurs RH suivis par les directions opérationnelles

Nous abordons maintenant l'un des points clés du pilotage RH. Aucune action RH, aussi pertinente soit-elle, n'est efficace sans le soutien et l'implication du management : direction générale, membres du comité exécutif et management de proximité.

> La rentabilité des investissements RH repose moins
> sur la qualité des outils que sur la motivation des managers
> à les utiliser. Leur implication dépend de l'intérêt perçu
> par le manager pour son activité.

Pris par les problèmes opérationnels, les managers n'ont pas le temps ni le recul nécessaire pour évaluer l'efficacité des pratiques RH. C'est à la fonction RH de démontrer la valeur ajoutée des actions engagées. L'étude conduite par Markess International, « Optimiser la gestion des processus RH pour contribuer à la performance de l'entreprise en France, 2013-2015 », démontre une prise de conscience très nette de l'apport des RH à la performance de l'entreprise. La majorité des cadres et managers interrogés attendent une forte contribution des services RH à la réalisation des résultats. Cependant, 70 % d'entre eux jugent encore insuffisante la gestion des processus RH. Ils attendent des progrès, notamment dans l'analyse prédictive des données, la disponibilité de métriques et le reporting des résultats.

Les dernières enquêtes internationales réalisées démontrent l'écart de perception sur la performance des pratiques RH, entre les spécialistes de la fonction et les managers ; alors que 64 % des premiers se disent contents des résultats obtenus, seuls 23 % des seconds se déclarent satisfaits.

Ces résultats ne reflètent pas nécessairement la qualité du travail réalisé, elles traduisent un ressenti que les services RH auraient tout intérêt à nuancer en démontrant les résultats réellement obtenus. Il faut pour cela élaborer des indicateurs de mesure qui mettent en évidence les résultats et les communiquer.

Le système de pilotage vient en appui aux RRH des activités concernées pour sensibiliser, préparer et accompagner les managers dans la prise en compte de leurs besoins RH, la recherche de solutions et l'appropriation des outils.

Dans son rôle de business partner, le RRH recherche des solutions adaptées aux problématiques opérationnelles de son entité, tout en facilitant le déploiement de la politique RH de l'entreprise. Chaque manager est prêt à mettre en place les actions RH qui concernent la réalisation de ses propres objectifs, l'opération est plus délicate lorsqu'elles concernent l'intérêt collectif. La mise en œuvre des projets centraux n'est généralement pas remise en cause dans leur principe ; tout le monde s'accorde, par exemple, sur l'intérêt de gérer les talents, mais beaucoup bloquent sur les conditions d'application. Créer des parcours de carrière interactivités ou intermétiers semble logique, sauf si le jeune talent en question met en péril, réellement ou potentiellement, le résultat de son unité en la quittant. Il faut alors que le manager concerné fasse preuve d'un réel sens de l'intérêt collectif. Il n'est pas certain qu'on lui en sera reconnaissant ; il est en revanche sûr que si les objectifs de son activité ne sont pas atteints, il en sera tenu personnellement responsable. Les entreprises soucieuses du management des talents intègrent dans les objectifs des opérationnels, un objectif de développement des talents recouvrant formation et mobilité. D'autres mettent en place des principes de mobilité propres à empêcher tout manager à s'opposer, dans des limites raisonnables, au transfert de potentiel d'une unité à l'autre.

La façon la plus efficace de faire adhérer le management, c'est encore de démontrer que le système fonctionne, qu'il est utile à l'atteinte des objectifs opérationnels. Aucun manager n'est satisfait de voir partir l'un de ses bons éléments. Il a très souvent mis du temps à le recruter, à l'intégrer et à obtenir le bon niveau de performance. Le laisser partir est d'autant moins difficile que la gestion des carrières garantit un remplacement rapide et de niveau équivalent au collaborateur muté.

Ce classique de la fonction est révélateur de la nécessité de développer des solutions RH conjuguant au mieux l'intérêt collectif et particulier. L'existence et la transparence d'un système de mesure RH soutiennent l'instauration de rapports de confiance entre les managers et le système RH. Dans l'exemple décrit, des indicateurs tels que les délais de recrutement interne ou le niveau de performance atteint par le candidat muté, après 6 à 18 mois passés dans la fonction, sont propres à rassurer les managers sur l'efficacité du recrutement interne.

Les indicateurs RH communiqués et suivis par les entités opérationnelles poursuivent cinq finalités :

- Évaluer l'efficacité des outils et des actions RH locales.

- Vérifier leur cohérence avec les objectifs opérationnels (ceux de l'activité considérée) et stratégiques (ceux de l'entreprise).

- Anticiper les conséquences des évolutions techniques, sociales et légales sur le fonctionnement du service.

- Donner au manager une vision globale de la gestion de ses ressources humaines, des résultats obtenus et des besoins individuels et collectifs à court, moyen et long terme.

- Permettre à la fonction RH de progresser en optimisant ses processus et ses outils.

Dans les organisations actuelles, alors que les changements de fonction ont tendance à s'accélérer, un manager passe rapidement d'une mission à l'autre. Le tableau de bord RH concourt à la traçabilité des événements. Le nouveau manager dispose ainsi d'une vision d'ensemble des actions engagées, des résultats obtenus et des problèmes RH à résoudre.

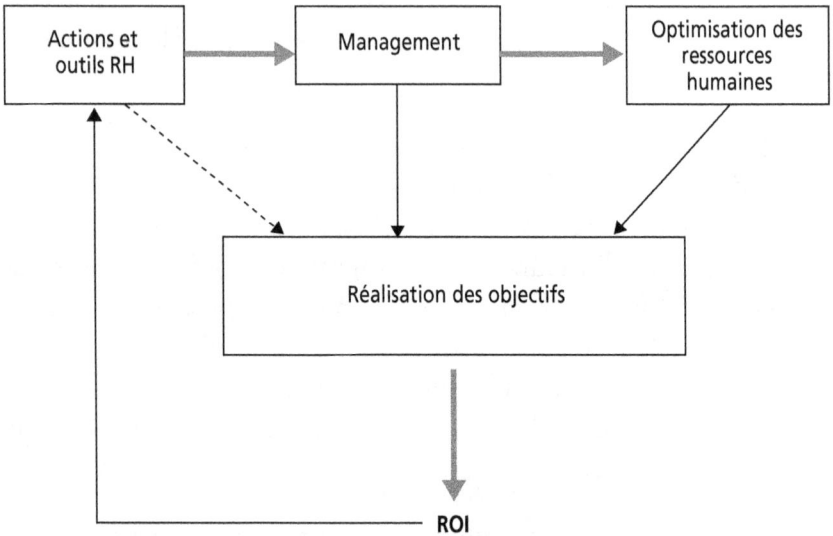

RH et business : « un binôme qui doit réussir »

En ce qui concerne la structure du pilotage RH des directions opérationnelles, les actions RH conduites dans chaque direction opérationnelle sont contrôlées par le manager et le RRH. Nous préconisons d'utiliser deux plates-formes de pilotage complémentaires :

- Les indicateurs RH intégrés dans le tableau de bord du manager. Ils correspondent aux enjeux RH critiques de l'activité. Ils s'inscrivent dans le processus de pilotage de l'entreprise et en respectent le cycle : mensuel, trimestriel ou annuel. Comme pour les indicateurs RH suivis par la direction générale, leur nombre reste limité à une dizaine. Ils visent essentiellement la productivité, la motivation, la flexibilité, le risque social et le développement des équipes. Le manager doit pouvoir contrôler très rapidement les indicateurs significatifs de la performance RH de son activité. Parmi ces indicateurs, certains seront récurrents – ce sont les basiques RH adaptés aux spécificités techniques et culturelles de l'entité –, d'autres, plus conjoncturels, seront créés en fonction des projets RH de l'unité ou de l'entreprise.

Indicateurs RH intégrés au tableau de bord opérationnel

	Exemple d'indicateurs récurrents	Exemple d'indicateurs conjoncturels
Productivité	Valeur ajoutée/effectif moyen	
Efficacité, flexibilité	Nombre de contrats CDD, intérim/ total contrat % de primes exceptionnelles accordées/total effectif % de promotions, mobilités réalisées/total effectif Taux de couverture des compétences critiques % d'heures supplémentaires/total heures travaillées	Nombre de recrutements réalisés/ total postes à pourvoir Nombre de recrutements internes jugés satisfaisants/total recrutements internes
Motivation	Absentéisme Turnover % de salariés rémunérés au-dessus ou au-dessous de la moyenne du marché	% d'entretiens de départ réalisés/ total des départs % de salariés satisfaits de leur condition de travail (enquête satisfaction salariés)
Risque social	Accidents du travail (taux de fréquence, taux de gravité...)	% de salariés formés à la sécurité
Développement	Nombre de salariés formés par âge, contrat et/ou CSP Nombre de talents identifiés[a]/total effectif Nombre d'entretiens réalisés/total population	Nombre de salariés formés au programme X/total salariés à former

a. Les talents peuvent correspondre aux HP, aux experts ou aux excellents professionnels de l'activité.

● **Les indicateurs RH pilotés par le RRH de l'activité.** Détaillés par processus clés, ils permettent de piloter les actions RH à l'horizon du plan. Le but est de sensibiliser les managers à la création de valeur des actions RH engagées et aux conséquences économiques et sociales des mauvaises pratiques. Ce travail est préparé par le RRH qui sélectionne les indicateurs, rassemble les données, fait réaliser les requêtes spécifiques, les benchmarks ou les enquêtes. Le résultat est présenté au manager et à son équipe qui décident du plan de route RH de l'activité. Un tableau de bord regroupant les indicateurs RH peut être créé et communiqué sur une base mensuelle ou trimestrielle aux managers de l'entité afin d'assurer le suivi des actions engagées. Il peut, lorsqu'il existe, être intégré au portail RH de l'activité et consultable par les opérationnels concernés chaque fois qu'ils le souhaitent.

La qualité du pilotage RH au niveau opérationnel est essentielle. La création de valeur peut y être démontrée plus facilement qu'au niveau des départements centraux.

Indicateurs RH pilotés par le RRH de l'activité

Processus de management RH	Exemples d'indicateurs	Création de valeur
Compétences	% de collaborateurs formés aux achats % de collaborateurs formés aux nouveaux produits % de managers formés à l'entretien d'évaluation % de collaborateurs formés aux nouveaux métiers Nombre de salariés formés % de salariés n'ayant pas suivi de formation depuis 3 ans Nombre de seniors engagés dans une action de tutorat	Diminution des coûts d'achat Amélioration des indices de satisfaction clients Amélioration de l'indice de confiance des salariés CA réalisé sur le nouveau secteur d'activité Coûts d'acquisition de compétences critiques CA/valeur ajoutée généré par les seniors (compétences critiques)
Performance	Nombre d'entretiens annuels réalisés/total population % de nouveaux recrutés ayant suivi le cycle d'intégration % de primes accordées % de salariés jugés performants, excellents dans leur fonction	Amélioration de la productivité de l'équipe
Talents	Turnover Ratio de fidélités des talents (nombre de présents au bout de 1 an) % de talents/effectif de l'activité % de HP évalués avec le référentiel managérial	Diminution des coûts directs ou indirects de turnover Diminution des coûts directs et indirects de recrutement
Social	Nombre d'heures d'absence comptabilisées Pyramide des âges de l'activité Nombre de seniors partant en retraite dans les 5 ans	Diminution des coûts induits par l'absentéisme Coût direct et indirect des départs en retraite

Le RRH, chaque fois qu'il en a la possibilité, établit un lien entre l'action RH et le résultat opérationnel. Considérant, par exemple, l'investissement formation, le RRH ne s'arrête pas au nombre de salariés formés, il essaie de mesurer l'impact sur la productivité, la qualité, le CA ou toute autre donnée économique à considérer. En parallèle, il met en place les indicateurs qui vont l'aider à contrôler les compétences avant et après la formation. Il ne se contente pas de l'évaluation du stage par le stagiaire, il contrôle les acquis et, encore mieux, leur mise en application. De la même façon, lorsqu'il propose de mettre en œuvre des moyens pour juguler l'absentéisme, le turnover ou un déficit de candidatures face aux recrutements à réaliser, il évalue en amont les coûts induits par le dysfonctionnement, détermine les indicateurs révélateurs des progrès à réaliser, contrôle le résultat des mesures engagées, évalue et communique l'estimation des bénéfices réalisés.

> Il ne communique plus sur les aspects techniques RH qu'il est censé maîtriser, mais bien sur les résultats obtenus en termes de qualité, d'équilibre social ou de valeur économique. Il ne s'agit pas de transformer le RRH en comptable ou financier. Ce qui importe ce n'est pas la précision de la mesure, mais le souci du résultat. Dans toute analyse financière basée sur des ratios, c'est l'ordre de grandeur qui compte ainsi que l'évolution sur plusieurs années.

Le bon sens du RRH, l'appui des managers et, si nécessaire, des contrôleurs financiers permettent d'établir des indicateurs suffisamment pertinents pour mesurer le résultat d'une action. La difficulté n'est pas d'ordre technique, elle relève plus d'habitudes de fonctionnement, d'une vision administrative et juridique de la fonction RH, associée à celle de centre de coût obligé. La recherche de compétitivité, la tension vers le résultat, la guerre des talents et le développement exponentiel des connaissances changent la donne. La stratégie

RH devient un élément clé pour garantir le succès de l'entreprise. Elle ne peut plus s'abriter derrière une obligation de moyen, elle est jugée sur ses résultats.

Le système de pilotage RH est à la charnière de cette évolution : rien ne peut se faire sans l'implication des managers. Mesurer et démontrer l'efficacité de la fonction RH permet de faire évoluer les mentalités, de convaincre les managers du bien-fondé des outils qui leur sont proposés. La démarche de pilotage a des vertus pédagogiques. Elle ne vise pas la perfection comptable, mais l'esprit d'entreprise, la recherche de création de valeur.

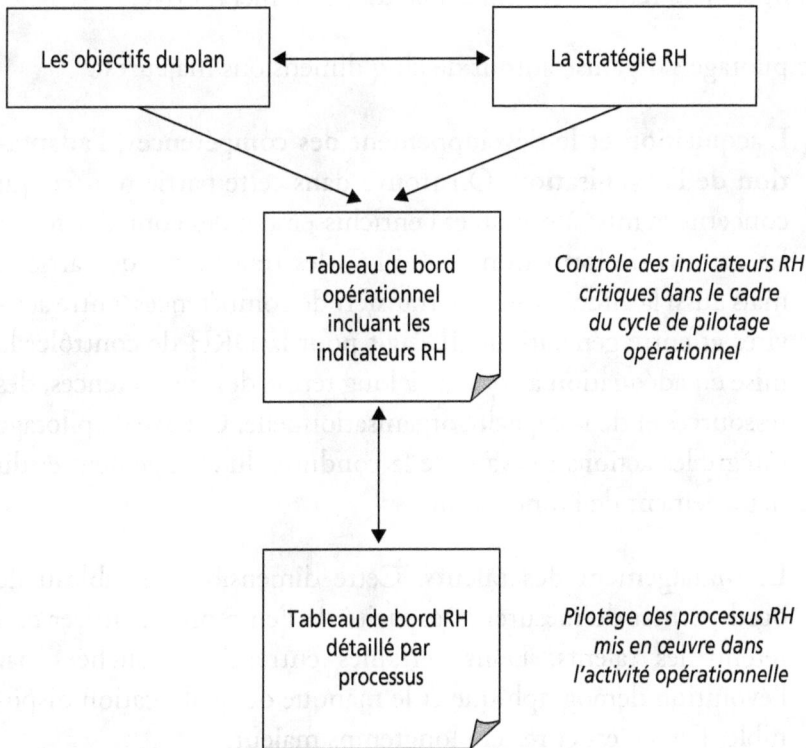

```
┌─────────────────────┐          ┌─────────────────────┐
│  Les objectifs du plan │ ◄──────► │   La stratégie RH   │
└─────────────────────┘          └─────────────────────┘
           \                              /
            \                            /
             ▼                          ▼
      ┌──────────────────┐      Contrôle des indicateurs RH
      │  Tableau de bord  │      critiques dans le cadre
      │   opérationnel    │      du cycle de pilotage
      │  incluant les     │         opérationnel
      │  indicateurs RH   │
      └────────┬─────────┘
               │
               ▲
               ▼
      ┌──────────────────┐      Pilotage des processus RH
      │  Tableau de bord RH │    mis en œuvre dans
      │   détaillé par     │    l'activité opérationnelle
      │    processus       │
      └──────────────────┘
```

Les deux plates-formes de pilotage RH d'un centre de profit

Le tableau de bord de la DRH

Le tableau de bord de la DRH rassemble les éléments clés du système de pilotage RH. Décliné à partir des objectifs stratégiques, il présente une vision globale des enjeux RH de l'entreprise.

Pour être efficacement déployée, la stratégie a besoin d'être clairement exprimée et relayée dans les objectifs individuels. La direction financière est garante du système d'information financière, elle organise la planification et le contrôle de la performance économique. Le DRH est, quant à lui, responsable des processus RH visant la mobilisation des salariés autour des enjeux stratégiques. Les missions et les objectifs doivent être clairement déterminés, les compétences réunies et l'ensemble du personnel motivé.

Le pilotage s'organise autour de cinq dimensions majeures :

- **L'acquisition et le développement des compétences, l'adaptation de l'organisation.** On trouve dans cette partie tout ce qui concerne la mise à niveau et l'enrichissement des connaissances : les actions de formation, la GPEC, les trajectoires de carrière, mais aussi la circulation et le transfert de compétences, entre activités et entre générations. Il s'agit pour la DRH de contrôler la mise en adéquation à court et à long terme des compétences, des ressources et de la capacité organisationnelle. Cet axe de pilotage intègre les actions relevant de la conduite du changement et du management de l'innovation.

- **Le management des talents.** Cette dimension du tableau de bord permet de mesurer la capacité de l'entreprise à attirer et à retenir les talents. Dans certaines entreprises, touchées par l'évolution démographique et le manque de qualification disponible, l'enjeu est et restera longtemps majeur.

- **Les leviers de la performance et de la motivation.** Les processus RH, les valeurs et les principes organisationnels visent à orienter l'entreprise vers un comportement de performance. Les moyens nécessaires à chaque salarié pour atteindre les objectifs qui lui sont fixés doivent être rassemblés. Outre les indicateurs propres à la gestion de la masse salariale et des rémunérations, il s'agit de vérifier toutes les composantes de la motivation, notamment le leadership, l'efficacité du système d'évaluation et de reconnaissance des performances, l'écoute et la prise en compte des aspirations individuelles et collectives.

• **La responsabilité sociale.** Ces dernières années, le volet social – relations avec les partenaires sociaux, climat social, respect de la législation du travail – s'est enrichi de tout ce qui touche au développement durable et à la citoyenneté de l'entreprise.

• **L'efficacité et la rentabilité des services RH.** Comme tout manager, le DRH conçoit et adapte en permanence son organisation en vue d'apporter le meilleur service. Dans de nombreuses entreprises, les objectifs de rentabilité ont conduit la DRH à repenser les modes de fonctionnement. Des programmes d'économie ont été mis en œuvre, conduisant à des opérations d'externalisation, de centralisation ou de réduction pure et simple des dépenses RH. Dans le domaine des ressources humaines, ces choix sont lourds de conséquence à moyen et long terme. Les progrès réalisés dans les technologies de l'information permettent, quels que soient les impératifs budgétaires, de repenser globalement le fonctionnement des services RH. La DRH se trouve donc confrontée à une exigence de reconfiguration globale de son organisation.

Les barrières technologiques des systèmes d'information ayant pratiquement disparu, il s'agit pour le DRH de concevoir une nouvelle organisation créatrice de valeur : quelles sont les actions RH critiques pour l'entreprise, quels sont les risques à ne pas les mettre en œuvre, quelles incidences sur le résultat économique et l'équilibre social ?

La diminution des frais de personnel peut entraîner
des gains de productivité substantiels. Encore faut-il vérifier
que le jeu en vaille la chandelle. Il s'agit de réduire les coûts
et les activités administratives en mettant en œuvre
des technologies performantes, tout en améliorant
la valeur ajoutée des services RH.

L'exemple de Kiloutou

Créé en 1980, Kiloutou occupe, aujourd'hui, une position de leader sur le marché français de la location de matériels. La société emploie 2 500 collaborateurs travaillant dans près de 300 agences réparties sur le territoire français.

Face à un marché atomisé, l'entreprise considère la qualité du service comme l'un des facteurs clés de différenciation. En 2001, la société se voit attribuer le prix de la relation client décerné par *Enjeux-Les Échos*. Kiloutou adresse chaque mois 8 000 questionnaires à ses clients afin de contrôler leur niveau de satisfaction. Un projet interne ZDI (« zéro défaut impardonnable ») vise à améliorer en permanence le niveau de qualité.

À l'occasion du congrès annuel de l'European Rental Association, l'entreprise se voit remettre l'Award du meilleur loueur 2011, décerné par un jury de professionnels de la location pour l'important développe-ment stratégique, économique et technologique dont la société a fait preuve.

Pour le directeur des ressources humaines, David Lamiaux, l'implication de la fonction RH dans la réussite économique de l'entreprise est évidente. Les solutions RH proposées doivent être créatrices de valeur et ressenties comme telles par le management. Gagner la confiance des managers impose le respect de certains principes :

- Garantir l'excellence administrative.

- Placer le débat à moyen terme, se positionner au niveau stratégique, intégrer les enjeux de l'entreprise.

- Démontrer le bénéfice de l'action engagée par rapport au résultat opérationnel.

La mise en place du portail RH s'inscrit dans cette logique. L'accès au self-service permet de gagner en efficacité et en rapidité. Les salariés n'appellent plus en permanence les services RH. De leur côté, les mana-gers sont moins sollicités pour des problèmes administratifs. La paie, qui nécessitait une quadruple saisie et quatre niveaux de contrôle, est validée en quarante-huit heures. Le contrôle de la masse salariale et la gestion des stock-options sont facilités. Les actions de formation s'inscrivent dans un *work-flow* qui permet de gérer l'ensemble du processus individuel, depuis l'inscription au stage jusqu'à l'évaluation du programme trois semaines après sa réalisation – temps estimé nécessaire pour juger des retombées réelles du stage. Un meilleur suivi des accidents du travail favorise la diminution du nombre de contestations.

L'ensemble des résultats obtenus crédibilisent l'action RH. Après une refonte de l'architecture et du contenu des entretiens annuels, l'entreprise ajoute en 2009 un module carrières à sa plate-forme SIRH. À partir de janvier 2011, le dispositif est progressivement mis à disposition des 700 managers concernés. « *Nous n'avons pas vraiment réalisé d'économies, mais nous attendons beaucoup en termes de gain de temps pour nos managers, et d'aide à la décision pour l'évolution des carrières de nos collaborateurs* », explique David Lamiaux. Faisant suite à un vaste programme de e-learning lancé en 2007, consacré à la conduite des entretiens d'évaluation, l'utilisation de l'informatique devrait encore permettre d'améliorer le résultat du processus annuel.

Les outils RH relaient la stratégie et les valeurs de l'entreprise. Le système d'intéressement s'appuie sur les résultats régionaux trimestriels, la prime prend en compte le résultat opérationnel et le niveau de satisfaction client. En 2007, une vaste campagne de communication interne avait invité les 2 000 collaborateurs à donner des exemples concrets sur la façon dont ils mettaient en œuvre les valeurs de l'entreprise dans leur travail quotidien. L'exercice permit de recueillir 19 000 illustrations, chaque salarié ayant produit en moyenne trois exemples de mise en pratique des valeurs de l'entreprise dans son quotidien.

Les cinq dimensions du pilotage de la DRH

Dimensions	Exemple d'indicateurs révélateurs de création de valeur
Acquisition et développement des compétences	% de la masse salariale consacrée à la formation Taux de couverture des compétences critiques % de salariés ayant suivi une formation qualifiante/total des salariés % de salariés occupant des postes clés n'ayant pas suivi de formation depuis x années. % de seniors détenteurs de compétences critiques % des postes pourvus/total postes à pourvoir % de postes pourvus par mobilité interne % de périodes d'essai satisfaisantes (interne et externe) Équilibre démographique
Management des talents	% de HP, évolutifs, excellents professionnels/total population Turnover des HP, talents, excellents professionnels Taux de survie des jeunes talents recrutés à 1 an, 2 ans… Nombre de mobilités internes à valeur ajoutée par an, par CSP, âge… % d'entretiens annuels réalisés (qualité des entretiens) % des jeunes recrutés ayant suivi le cycle d'intégration Nombre de salariés reçus en entretien de carrière tous les 2 ans/effectif moyen
Performance et motivation	% de managers formés au management/total managers % d'excellents professionnels/total population Compétitivité de la rémunération globale Équité interne des rémunérations Fiabilité des plans de succession Absentéisme Turnover des ressources stratégiques (HP, professionnels, experts…)
Responsabilité sociale	Qualité des accords signés Qualité du dialogue avec les partenaires sociaux Nombre d'accidents, taux de fréquence et de gravité Employabilité : % de salariés présentant un risque d'obsolescence des compétences, % de salariés reçus en entretien de carrière, % des projets de développement mis en œuvre. Développement durable : % de salariés associés à une action de développement durable, % du budget formation consacré au développement durable Image employeur
Efficacité et productivité des services RH	% de frais de personnel/marge brute ROI des programmes de formation stratégiques ROI des campagnes de recrutement, des relations écoles ROI du portail RH Coût du turnover % de l'activité RH consacrée à l'administration, à la gestion sociale, à la gestion des carrières, à la stratégie.

Exemple de calcul du turnover issu d'une étude américaine conduite par Watson Wyatts en 2005

Le tableau montre les bénéfices financiers d'un processus de recrutement efficace. La capacité à remplacer rapidement les employés qui quittent l'entreprise génére un réel bénéfice financier. Dans cet exemple, les coûts liés au turnover incluent non seulement le budget du recrutement, mais la perte de productivité engendrée pendant le laps de temps où le poste demeure vacant et le temps nécessaire au nouvel arrivant pour être efficace dans son poste.

	Société X	Société Y
Nombre d'employés	20 000	20 000
Turnover	15 %	15 %
Nombre de recrutements	3 000	3 000
Salaire moyen	50 000	50 000
Coût du turnover (% du salaire moyen)	48 %	61 %
Coût du remplacement par employé	24 000	30 500
Coût total du turnover	72 millions	91,5 millions

Les indicateurs RH

En ce qui concerne les indicateurs suivis par la DRH,
il est inutile et même contre-productif de créer un trop
grand nombre de mesures. Le tableau devient illisible
et ne met pas l'accent sur les réels besoins de pilotage.

Le tableau ci-contre présente un ensemble d'indicateurs envisageables pour mesurer la valeur ajoutée des actions RH propres à nos cinq dimensions de pilotage. Le choix des indicateurs se fera en fonction des orientations stratégiques de l'entreprise et des projets d'amélioration de la fonction RH : adaptation et optimisation des processus, résolution des dysfonctionnements, informatisation des outils, réorganisation des services… La qualité actuelle des systèmes d'information permet de collecter et traiter un grand nombre de données ; grâce aux outils de requête, des analyses ponctuelles sont facilement réalisées ; il est inutile de vouloir tout gérer au niveau du tableau de bord.

Dans sa démarche de pilotage, la DRH reprend et complète les indicateurs suivis par la direction générale, comme l'indique le tableau ci-contre. Le choix des indicateurs s'inscrit dans la logique du déploiement stratégique, il est réalisé en commun avec l'ensemble des RRH et des experts. C'est ce tableau qui est présenté et commenté en comité de direction.

La DRH suit en parallèle les indicateurs relevant des cinq dimensions RH. Les mesures critiques visant le contrôle des projets majeurs non traités au niveau de la direction générale sont regroupées dans un tableau de bord destiné aux professionnels de la fonction ou aux managers concernés par les projets. Les indicateurs sont mis à jour par le contrôleur de gestion sociale, le responsable SIRH lorsque les données sont intégrées dans le portail RH ou les experts des fonctions RH concernés.

Exemple d'indicateurs RH suivis par la DRH inspiré du modèle de la BSC

Domaine		Objectif	Indicateurs	Année N–1[a]	Année N	N+1	N+2	N+3	Performance visée[b]
Résultat financier	P	Rentabilité	MS/valeur ajoutée Frais de Pel/valeur ajoutée						
	C	Réduction du turnover	Coût du turnover/MS						
Satisfaction clients	P	Productivité de la fonction	Frais de Pel/CA Coût du recrutement externe Coût du recrutement interne % de formations réalisées/% de formations prévues						
	C	Satisfaction client	Indice de satisfaction des clients internes et des salariés vis-à-vis de la fonction RH						
Processus	P	Gestion du risque social Attirer et retenir les talents	Coûts directs et indirects des conflits sociaux Turnover des talents par type de démission Taux de survie à 2 ans des talents % de postes pourvus par mobilité Nombre de brevets déposés						
	C	Innovation	% d'experts/effectif						
Capacité de développement	P	Management des compétences Management de la performance	Taux de couverture des compétences critiques Taux de remplacement des fonctions clés % de collaborateurs performants/population totale						

a. Les résultats constatés l'année précédente, l'année en cours et à horizon du plan.
b. La performance idéale visée à horizon déterminé.

Le tableau de bord « Projet RH »

La majorité des projets RH concerne l'ensemble de l'organisation. Ils sont souvent consommateurs de temps pour les managers et les salariés. C'est le cas pour des projets tels que la remise à niveau des définitions de fonctions, l'élaboration de référentiels de compétence, certaines campagnes de recrutement, la création d'un self-service RH, la mise en place de la gestion des âges ou des talents... Le coût d'un projet RH relève plus du temps investi par les acteurs internes que de l'achat de telle ou telle prestation. Ces projets créent de fortes attentes en termes de résultat, tant pour les salariés que pour leur hiérarchie.

> Lancés à grand renfort d'informations sur les aspects organisationnels et méthodologiques, les projets RH souffrent la plupart du temps d'un défaut de communication sur la mesure des résultats.

Pour être crédible, le RRH a tout intérêt à définir le plus en amont possible les indicateurs de performance et de création de valeur spécifiques au projet et à les communiquer en interne. Ces indicateurs sont reliés aux enjeux de l'entreprise et aux objectifs du projet. Rassemblés dans un tableau de bord, ils vont permettre d'en piloter et contrôler la réalisation. La réflexion commune sur les indicateurs et le suivi des résultats facilitent la mobilisation des différentes parties prenantes : spécialistes RH et managers. La mise en place d'un outil de mesure démontre la volonté de l'entreprise d'obtenir des résultats et la possibilité de les contrôler.

> Le tableau de bord est maintenu le temps nécessaire à la mise en place du projet. Une fois celle-ci réalisée, les indicateurs peuvent être repris dans le cadre du ou des processus RH correspondants.

Le succès d'un projet RH tient bien moins de l'approche méthodologique adoptée que de la volonté des membres de l'organisation à la mettre en place. Le fait de publier régulièrement les résultats encourage et renforce l'adhésion autour du projet. Il est très difficile pour un manager ou un salarié d'apprécier localement le bénéfice d'un projet RH. Renvoyer une vision d'ensemble des bénéfices obtenus au niveau de l'entreprise, par métier ou activité, permet aux acteurs locaux de vérifier que le système fonctionne, même si, à leur niveau, les résultats n'apparaissent pas clairement. Dans mes missions de conseil, je suis souvent surprise de constater l'écart entre ce qui est fait en central par les équipes RH et la perception locale de l'action. Le problème est plus souvent dû au manque de communication qu'aux résultats réellement obtenus.

En outre, la DRH devra de plus en plus s'engager sur un retour réel d'investissement. Il lui est demandé d'identifier les domaines de résultats couverts, les bénéfices escomptés – financiers ou autres –, et de les échelonner dans le temps. L'appui du contrôleur de gestion pour définir la nature de l'engagement et la mesure des risques est nécessaire.

Exemple d'un projet RH : la « Gestion des seniors »

Confrontées à l'allongement de la durée de vie professionnelle, de nombreuses entreprises s'intéressent à la carrière des seniors. **Il s'agit de mettre en place les moyens RH qui permettent aux salariés de plus de 50 ans de demeurer performants et motivés.**

Les entreprises que je conseille dans ce domaine abordent cette problématique par le management de la diversité, de l'égalité des chances. On le sait, en France, les habitudes de management induites, depuis trente ans, par les dispositifs de départ en retraite anticipée ont provoqué de nouveaux comportements vis-à-vis des seniors : refus de les recruter au-delà de 45 ans, ralentissement des opportunités de formation, de mobilité ou de promotion à partir de cette barrière fatidique. Ainsi, au fil du temps, les seniors ne bénéficient plus des mêmes avantages que leurs cadets. Ils subissent en outre une discrimination à l'entrée ou dans l'entreprise, liée uniquement au critère d'âge.

La mise en place d'une gestion dynamique de la carrière des seniors implique la coopération des différentes fonctions RH (recrutement, formation, mobilité, rémunération, relations sociales…), des managers et des seniors eux-mêmes. Le challenge est important à plusieurs titres :

- Compte tenu de l'évolution démographique et de la difficulté à trouver sur le marché certaines compétences critiques, les entreprises s'attachent à conserver les salariés motivés et performants jusqu'à leur départ en retraite.

- L'évolution de la législation sociale vise à allonger la durée de vie au travail. En Allemagne, une réforme en cours devrait faire passer l'âge de départ en retraite de 65 à 67 ans. En France, l'âge moyen de cessation définitive d'activité est actuellement de 58 ans, soit deux années de moins que l'âge légal de départ en retraite. Le taux d'emploi des seniors y est particulièrement faible. La proportion des personnes âgées de 55 à 64 ans encore en activité est d'environ 41,5 %, contre 47,4 % en Europe. Ce qui demeure bien inférieur à l'objectif de 50 % programmé en 2010 au congrès européen de Lisbonne.

- Le coût économique du vieillissement et des départs en retraite est astronomique, aussi bien au niveau des nations que des entreprises.

L'ensemble des pays développés doit faire face au vieillissement de sa population. Selon l'Insee, en 2030, 23,2 % de la population française aura plus de 65 ans. Cela signifie 1 personne de plus de 65 ans pour 2 personnes en âge de travailler, contre 4 actuellement. Cette évolution démographique continuera d'entraîner l'inflation des dépenses de santé et le déséquilibre des systèmes de retraite. La hausse de dépenses liée au vieillissement de la population devrait atteindre 3 % du PIB à l'horizon 2050 en France. La question du financement n'est pas un problème uniquement européen : 44 millions de salariés ou de retraités américains craignent aujourd'hui de perdre une partie de leur pension. Ce sont les bénéficiaires des 31 000 fonds de pensions privés financés par les grandes entreprises qui voient leur situation financière se dégrader à cause du renflouement de ses fonds de pensions.

Du côté des entreprises, les engagements sociaux liés aux régimes de retraite (et assimilés) à prestations définies jouent directement sur le résultat des entreprises, les montants en jeu étant énormes. L'arrivée de la norme IAS/IFRS 19 rend obligatoire leur reconnaissance dans les comptes des entreprises.

Mesurer la performance du projet « Gestion des seniors »

La mise en place du projet concerne plusieurs domaines RH :

- le recrutement ;
- la formation ;

- la gestion des carrières ;
- la gestion des compétences, GPEC, *Knowledge management…* ;
- les pratiques de rémunération ;
- les managers qui animent les équipes intergénérationnelles.

Chaque acteur du projet doit avoir une compréhension claire des résultats attendus de son action et une vision d'ensemble des bénéfices du projet. Le chef de projet RH identifie, avec les différents experts fonctionnels et les managers, les indicateurs pertinents qui permettront de contrôler et communiquer les résultats obtenus. L'année N-1, précédant la mise en place du projet, peut être prise comme année de référence.

Le tableau de bord « Gestion des seniors » permet de contrôler les vecteurs de création de valeur :

- **Intellectuelle.** Comment conserver et développer les compétences nécessaires à l'entreprise tout au long de la carrière professionnelle des salariés ? Le projet s'appuie sur les indications de la GPEC en termes d'évolution des métiers et d'incidence démographique. Les moyens mis en œuvre doivent garantir l'adaptation des compétences et des ressources.

  Indicateur : taux de couverture des compétences critiques

- **Économique.** Il s'agit d'appréhender le coût du vieillissement des effectifs (départs en retraites, recrutement, formation, masse salariale…) et les risques d'érosion du résultat qui y sont liés : perte de productivité ou de CA.

  Indicateurs : maintien ou amélioration de la productivité,
  valeur ajoutée des différentes tranches d'âges

- **Sociale.** Comment préserver l'employabilité et le bien-être des salariés de tous âges, quels que soient les évolutions techniques ou les renversements de marché auxquels sera confrontée l'entreprise ?

  Indicateurs : taux d'employabilité, emplois préservés,
  mutations accompagnées, niveau de satisfaction
  des différentes tranches d'âges…

Le projet « Senior » s'attache à une catégorie de population spécifique, particulièrement touchée par le contexte économique et social actuel. Lorsque les seniors de l'entreprise retrouvent progressivement un positionnement loin de tout préjugé lié à leur âge, le projet peut s'élargir à la « gestion des âges » au sens large. Il s'agit pour l'entreprise de mettre en place et contrôler les moyens RH pour assurer le développement et la motivation des salariés, quel que soit leur âge, tout au long de leur vie professionnelle. La gestion des âges intègre les problématiques intergénérationnelles, les relations de travail entre les générations, le management des différentes tranches d'âge et la gestion de carrière. C'est un processus transversal qui peut nécessiter la mise en place d'indicateurs ou d'un tableau de bord spécifiques, selon la démarche que nous décrivons dans les prochains chapitres.

Tableau de bord « Gestion des seniors »

Nature de la mesure	Indicateurs	Année N–1	N	N+1	N+2
Gestion sociale	Absentéisme des seniors Accidents du travail Âge moyen de départ en retraite				
Performance	% de seniors formés % de seniors ayant changé de fonction % de seniors promus % de seniors recrutés % de seniors engagés dans une action de tutorat				
Création de valeur	% de seniors satisfaits des conditions de travail % de seniors jugés performants dans leur fonction % de seniors détenteurs de compétences stratégiques ou rares, intégrés dans un programme de transfert de compétences Ratio de productivité des seniors : • VA/effectif moyen de plus de 50 ans • EBE[a]/effectif moyen de plus de 50 ans				

a. Excédents bruts d'exploitation.

Le tableau de bord des processus fonctionnels

Le pilotage des processus fonctionnels poursuit quatre finalités :

- Contrôler l'alignement de chaque processus sur la stratégie RH, elle-même reliée à celle de l'entreprise.
- Développer l'orientation résultat des experts RH chargés du processus.
- Anticiper et accompagner les adaptations.
- Communiquer en interne ou en externe les résultats obtenus.

C'est un outil de décision et de professionnalisation.

Poussés à réduire leurs coûts tout en optimisant le niveau de service, les DRH des grands groupes ou des PME se posent régulièrement la question de conserver ou sous-traiter tel ou tel processus RH. En faisant appel à un partenaire extérieur pour assurer les tâches administratives, la DRH souhaite en outre s'affranchir des tâches sans réelle valeur ajoutée.

Depuis les années 1990, la majorité des DRH, d'abord au sein des grands groupes puis progressivement dans les entreprises moyennes, ont adopté des modèles d'organisation visant une optimisation des coûts et une meilleure efficacité des services. Il s'agissait soit de créer des structures internes, « les centres de services partagés », soit d'externaliser les processus RH en les confiant à des experts externes. Dans les entreprises françaises, la fonction la plus souvent externalisée demeure la gestion de la paie. Les centres de services partagés sont plus particulièrement dédiés aux processus fonctionnels tels que le recrutement interne ou externe et la formation, ou bien à des processus transverses tels que la gestion des talents.

Les centres de services partagés (*Shared services centers*), en mutualisant les moyens et en harmonisant les outils et les méthodes, visent une amélioration de la qualité des services tout en réalisant des gains de productivité significatifs, de l'ordre de 40 %. Obtenir ces résultats nécessite un réel changement dans les habitudes de fonctionnement des organisations :

- Définir précisément les bénéfices visés en accord avec les managers opérationnels, ne pas perdre de vue leurs attentes en termes d'accompagnement du business.

- Mettre en place un processus d'amélioration continue qui réponde aux évolutions des enjeux de l'entreprise.

- Définir et mettre en place les systèmes et outils informatiques adaptés à l'organisation. Le succès des Shared services centers est intimement lié à l'adéquation des moyens technologiques.

- Redéfinir les rôles et responsabilités au sein des services RH : responsables des ressources humaines au niveau des business, responsables et experts au sein des centres de services partagés...

La réussite de l'externalisation, quant à elle, nécessite la mise en place de nouveaux modes de fonctionnement. Le succès repose notamment sur la capacité de l'entreprise à conserver le contrôle des processus externalisés. L'action des prestataires doit être cadrée, en amont, par une définition précise des attentes et des spécificités de l'organisation et, en aval, par des critères d'évaluation. Ces derniers impliquent la mise en place de reportings fréquents et la réalisation d'enquêtes de satisfaction régulières auprès des populations internes ou externes concernées : salariés, managers et candidats au recrutement.

> Ainsi, que les processus fonctionnels soient réalisés
> en interne ou en externe, le pilotage conserve toute
> sa finalité et demeure un vecteur essentiel d'efficacité.

Exemple de pilotage d'un processus fonctionnel : L'Oréal

Chaque année, L'Oréal recrute dans le monde plusieurs milliers de cadres. La stratégie de croissance de l'entreprise est consommatrice de talents. Pour Jean-Claude Le Grand, directeur du développement international RH et directeur corporate Diversités du groupe, les entités opérationnelles doivent en permanence compter sur la capacité de ses services à répondre « sans délais » aux besoins en ressources humaines. Cette exigence repose sur la faculté du groupe à attirer, à retenir et à développer les talents. La fidélisation des meilleurs passe par la reconnaissance de leurs talents et les possibilités qui leur sont offertes de se développer. Il s'agit de créer l'équilibre entre les attentes d'efficacité et de fidélité de l'entreprise, et les souhaits d'épanouissement et d'évolution professionnels de ses salariés. Les responsables RH sont les garants de cet équilibre.

La stratégie de recrutement de l'entreprise est résolument orientée marketing. L'Oréal est exposé internationalement ; les déséquilibres démographiques, la rareté de certaines compétences, la croissance des pays émergents et des grandes puissances économiques confèrent au marché mondial du recrutement un caractère extrêmement compétitif. Pour recruter les meilleurs candidats aux quatre coins de la planète, L'Oréal doit maintenir au tout premier rang son image employeur. En 2012, le classement réalisé par l'Universum Graduates Survey positionne l'entreprise au deuxième rang des employeurs jugés idéaux par un panel de 5 000 étudiants. Cette performance exige, outre une parfaite connaissance du marché mondial du recrutement, une grande créativité pour proposer des solutions innovantes et performantes.

Les outils de recrutement s'appuient sur les dernières technologies, ils sont repensés en permanence. Le processus de recrutement englobe l'intégralité des actions RH mises en œuvre pour attirer et retenir les talents, depuis la communication jusqu'à l'intégration.

Une stratégie de communication extrêmement efficace

En 1993, l'entreprise lançait son premier *business game*, le L'Oréal Brandstorm. En 2000, la direction du recrutement fonde l'e-Strat-Challenge qui, chaque année, permet d'attirer plusieurs milliers d'étudiants issus de 128 pays, et de recruter 300 jeunes MBA. En 2006, l'Ingénius Contest est créé plus spécifiquement pour le recrutement des ingénieurs. L'ensemble de ces jeux figurent aujourd'hui parmi les business games les plus attractifs du marché. Destinés aux étudiants des meilleures écoles et universités mondiales, ils entretiennent la notoriété du groupe tout en facilitant la sélection des candidats. Le jeu met en évidence des aptitudes et des comportements difficiles à déceler au cours d'un entretien : réactivité, créativité, prise de décision, pertinence des analyses… En 2006, la qualité pédagogique du programme e-Strat-Challenge est reconnue par les professionnels de la formation au management. Il obtient l'accréditation Technology-enhance Learning décernée par l'European Foundation for Management Developpement. Le jeu devient une référence pour les étudiants, tant du point de vue éducatif que professionnel.

Un processus de recrutement réactif, objectif et équitable

Pour le groupe, qui reçoit plus de 700 000 candidatures par an, il s'agit de gérer la diversité des talents et des sources de recrutement *via* le Net sur une base mondiale. Le système doit garantir l'égalité et l'efficacité dans le traitement des candidatures. Le processus s'appuie sur deux dispositifs :

- POOL (*Potential On Line*) est un système informatique de gestion des candidatures spécifiquement développé pour L'Oréal. Il enregistre, traite et suit l'ensemble des candidatures sur des bases communes afin de pouvoir faciliter les échanges au niveau mondial. Créé en 1999, il est actualisé en 2004 en vue d'assurer une meilleure prise en compte de la diversité des talents. En février 2006, le lieu de résidence est supprimé de tous les CV reçus sur Internet pour mieux en assurer l'anonymat. En 2004, POOL se voit décerner le Top Com d'argent, section multimédia, catégorie « site de recrutement ressources humaines ».

- Une grille de recrutement composée de critères objectifs divisés en cinq compétences, de trois à quatre niveaux chacune qui seront évaluées lors de l'entretien de sélection. Cette grille intègre les valeurs de L'Oréal, notamment le souci de non-discrimination, et permet de révéler les aptitudes personnelles des candidats. Son élaboration repose sur un travail collectif réunissant des managers et des équipes internationales. Les critères de sélection retenus sont basés sur l'analyse de profil des collaborateurs les plus performants. En 2005, une version optimisée permet de faciliter la compréhension des critères et d'étendre le champ des compétences.

Une pépinière de talents

Depuis plus de vingt ans, L'Oréal a choisi le principe de la pépinière. Le groupe privilégie le recrutement de jeunes diplômés dans la perspective de bâtir des carrières sur le long terme. Jean-Claude Le Grand estime que le système permet d'amortir les aléas de la conjoncture et de faire face à la « guerre des talents ». Dès qu'un candidat à fort potentiel est repéré sur le marché, il est recruté, quelle que soit la disponibilité des postes correspondant à son profil. Les jeunes recrues sont alors placées sur le terrain, elles passent par une série de stages, propres à leur faire découvrir le groupe et à dévoiler leurs talents, avant de se voir confier un poste.

Une intégration qui facilite la réussite

En 2005, le groupe crée le Flow-up and Integration Track, un programme d'accompagnement personnalisé sur deux ans, composés de six étapes de découvertes qui permettent aux nouveaux collaborateurs de comprendre le fonctionnement du groupe et d'y trouver leur voie. Ce programme s'inspire des meilleures pratiques du marché, il implique le comité de direction du groupe, les managers, les équipes RH et les collaborateurs.

La qualité des outils et la richesse des moyens de recrutement mis en place chez L'Oréal sont à la hauteur des enjeux et des ambitions du groupe : demeurer le leader mondial des cosmétiques.

La direction internationale du recrutement rassemble des professionnels issus de la fonction ressources humaines et du marketing. Ce brassage de compétences, de profils et de cultures génère une organisation qui allie expertise RH, connaissance du marché international et savoir-faire marketing. La dimension interculturelle des équipes recrutement est indispensable à un groupe présent sur les cinq continents dont le management réunit à lui seul 75 nationalités.

Chaque année, les professionnels de la direction du recrutement et de la diversité se réunissent en convention. C'est l'occasion pour Jean-Claude Le Grand de rappeler les enjeux stratégiques de L'Oréal et de lancer les nouveaux projets en accord avec les challenges et les valeurs de l'entreprise. Tout au long de l'année, les équipes échangent leurs expériences et concourent à la mise en place des projets transversaux. Une batterie d'indicateurs permet de contrôler la réalisation des résultats et d'identifier les évolutions de tendance. Les nouveaux projets donnent lieu à la création d'indicateurs spécifiques ; ainsi, la prise en compte de la carrière des seniors a conduit la direction du recrutement à suivre précisément le recrutement des plus de 50 ans, à la fois dans un souci de non-discrimination et d'enrichissement des savoir-faire et des savoir être intergénérationnels.

Malgré la création ou le renouvellement des outils, la productivité du processus est un souci permanent. L'amélioration de la performance doit se faire à coût constant. Ce défi repose sur le professionnalisme et la mobilisation des équipes recrutement invitées à se perfectionner, au travers de formations individuelles, de participations à des conférences ou de rencontres d'experts.

L'exemple de l'Oréal démontre le degré de professionnalisme avec lequel peut être piloté un processus de recrutement pour répondre aux défis de l'entreprise. Le modèle est adapté à la nature et à la complexité du groupe, il n'en représente pas moins un exemple de créativité, d'adaptation et de création de valeur avérée.

Le recrutement chez L'Oréal

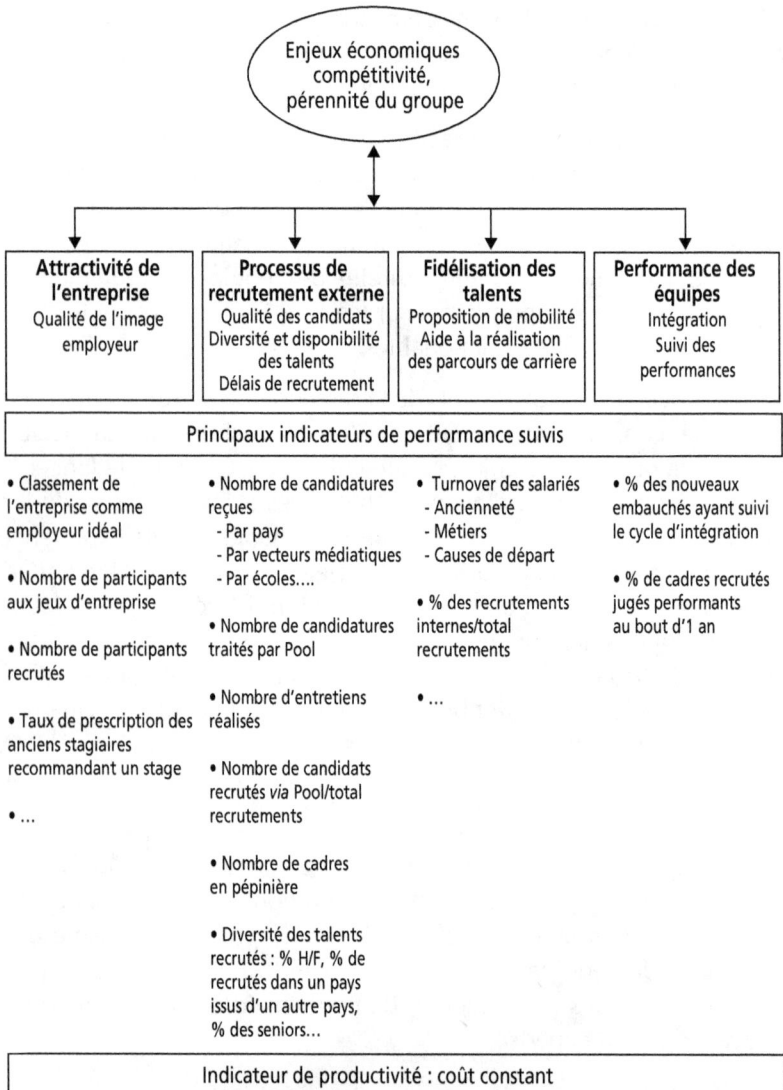

Enjeux économiques compétitivité, pérennité du groupe

Attractivité de l'entreprise	Processus de recrutement externe	Fidélisation des talents	Performance des équipes
Qualité de l'image employeur	Qualité des candidats Diversité et disponibilité des talents Délais de recrutement	Proposition de mobilité Aide à la réalisation des parcours de carrière	Intégration Suivi des performances

Principaux indicateurs de performance suivis

• Classement de l'entreprise comme employeur idéal	• Nombre de candidatures reçues - Par pays - Par vecteurs médiatiques - Par écoles....	• Turnover des salariés - Ancienneté - Métiers - Causes de départ	• % des nouveaux embauchés ayant suivi le cycle d'intégration
• Nombre de participants aux jeux d'entreprise	• Nombre de candidatures traités par Pool	• % des recrutements internes/total recrutements	• % de cadres recrutés jugés performants au bout d'1 an
• Nombre de participants recrutés	• Nombre d'entretiens réalisés	• ...	
• Taux de prescription des anciens stagiaires recommandant un stage	• Nombre de candidats recrutés *via* Pool/total recrutements		
• ...	• Nombre de cadres en pépinière		
	• Diversité des talents recrutés : % H/F, % de recrutés dans un pays issus d'un autre pays, % des seniors...		

Indicateur de productivité : coût constant

Le tableau de bord des processus transverses

Contrairement aux processus fonctionnels, les processus RH transversaux ne sont pas externalisables. Ils constituent le cœur même de l'activité RH et sont indispensables à toute organisation. Bien que permanents, leur importance peut varier en fonction des enjeux stratégiques de l'entreprise.

Ces processus concernent traditionnellement :

- **Le management des compétences**. Ce processus global dépasse le concept de « gestion des emplois » ou de GPEC. Il intègre la définition des compétences stratégiques présentes et à venir, les moyens d'acquisition, de maintien et de développement de ces compétences. Il couvre la gestion des compétences individuelles. Le management des compétences traverse l'intégralité des fonctions RH, il implique tout autant le recrutement, la formation, la mobilité interne, la gestion des carrières que les systèmes de rémunération et les SIRH.

  Aucun système RH ne peut fonctionner efficacement sans un management efficace des compétences. La maîtrise de ce processus représente un réel avantage stratégique pour les entreprises. Il définit les fondements de l'intelligence collective en précisant l'ensemble des savoirs que doit rassembler l'entreprise à court, moyen et long terme. C'est un levier essentiel au développement de l'entreprise, quelle que soit la taille de l'organisation : grand groupe ou PME.

- **Le management de la performance**. Ce processus intègre les activités managériales et les outils RH qui permettent d'atteindre et de maintenir un niveau élevé de performance individuelle et collective. Il repose sur la capacité de l'organisation à déployer sa stratégie au travers des objectifs individuels, à encourager la responsabilité et l'engagement de tous les membres de l'organisation, à assurer la mobilisation des salariés autour des résultats de l'entreprise. Il vise à réduire les causes de contre-performance et à optimiser la productivité globale. C'est, à ce titre, un enjeu aussi stratégique que le processus précédant. L'entreprise doit maîtriser l'un et l'autre de ces processus interdépendants.

- **Le management des talents.** Ce troisième processus traduit la capacité de l'organisation à attirer, à développer et à retenir les talents dont elle a et aura besoin à court, moyen et long terme. La pénurie des ressources, le manque de qualification de certaines populations, l'internationalisation et la volatilité des talents obligent l'entreprise à développer des offres d'emploi et de carrière compétitives et formatrices. Le processus management des talents intégre le développement de l'image employeur la maîtrise du turnover, le recrutement, la formation, la gestion des carrières et l'ensemble des moyens d'intéressement.

La liste des processus transversaux peut être élargie et intégrer des enjeux RH collectifs tels que :

- la gestion des âges ;

- l'employabilité ;

- le climat social ;

- l'engagement des salariés...

Chacun de ces processus repose sur l'interaction de plusieurs processus RH, et nécessite l'implication des professionnels RH et des managers.

> Avant d'être un système de mesure, le pilotage des
> processus transversaux est un outil de mobilisation
> et de cohérence au service du résultat et des orientations
> stratégiques de l'entreprise. C'est pour la DRH un moyen
> qui peut être utilisé pour changer les modes
> de fonctionnement et orienter l'action RH vers
> la création de valeur globale.

Les principes d'une démarche intégrée

Le pilotage des processus fonctionnels vise l'efficacité des centres d'expertise. Chaque « silo » – recrutement, formation, relations sociales... – est centré sur sa propre création de valeur, cherche à optimiser son niveau de performance. Le pilotage RH doit tenir compte des besoins de performance et de professionnalisation des silos, tout en incitant à la mise en place d'une démarche intégrée, créatrice de valeurs globales pour la fonction RH. La performance d'un processus transverse et son amélioration constante reposent sur la compréhension de chacun de son rôle face à l'enjeu commun. L'ensemble des professionnels de la fonction sont amenés à élaborer et à enrichir les processus transversaux, à communiquer et à se coordonner avec les autres départements dans le cadre de résultats globaux.

> Le système de pilotage de la fonction RH doit intégrer les deux niveaux de contrôle, celui des processus fonctionnels, indispensable à l'amélioration du professionnalisme, et celui des processus transversaux, dans un souci de cohérence, d'efficacité globale et d'enrichissement mutuel.

Les progiciels globaux de gestion des ressources humaines, quand ils sont mis en place, permettent, dorénavant, de créer un lien technique et informatif entre les différentes fonctions RH, de suivre et mettre en commun tout ou partie des dossiers individuels des salariés. Les portails RH, en utilisant ces différents logiciels et la diffusion d'informations par le Net, peuvent apporter des gains de productivité, liés à la diminution des temps de traitement et de saisie, et offrir une plus grande transparence vis-à-vis des utilisateurs, managers et salariés.

Aujourd'hui, l'architecture fonctionnelle et technique des progiciels de gestion RH permet une gestion par processus transverses garantissant le décloisonnement des différentes fonctions au sein des directions ressources humaines et la construction d'un modèle de données commun.

L'animation des processus transversaux

La constitution du tableau de bord d'un processus transversal s'apparente à celle d'un projet RH, à ceci près que le système de contrôle est continu alors que celui du projet a une fin.

Le processus vise l'atteinte d'un résultat collectif contrôlé par un ou plusieurs indicateurs globaux et nécessite la définition d'objectifs et d'indicateurs intermédiaires propres aux différentes fonctions impliquées dans la démarche.

Le pilotage d'un processus transversal peut être pris en charge par l'un des RRH ou des responsables fonctionnels. Le DRH a tout intérêt à y impliquer à tour de rôle ses différents responsables. Le choix des indicateurs dépend des orientations stratégiques. Chacun est amené à établir l'ensemble des indicateurs du processus, à prendre en compte les impératifs des différentes fonctions RH, à développer une vision globale et à se centrer sur l'atteinte de résultat collectif.

> Le choix des indicateurs est relié aux enjeux stratégiques et est déterminé en commun par l'ensemble des acteurs. La mise à jour du tableau de bord et la communication des résultats sont sous la responsabilité du RRH désigné pour piloter le processus.

Enjeux stratégiques

Recrutement

Relations
sociales

Formation

Travail collaboratif
Enrichissement des solutions
Cohérence des actions

Rémunérations

Gestion des
carrières

SIRH

INDICATEURS FONCTIONNELS

Management
des compétences

Management
des talents

Management
de la performance

Indicateurs transversaux

Performance globale
Résultats économiques
Innovation
Satisfaction clients et salariés...

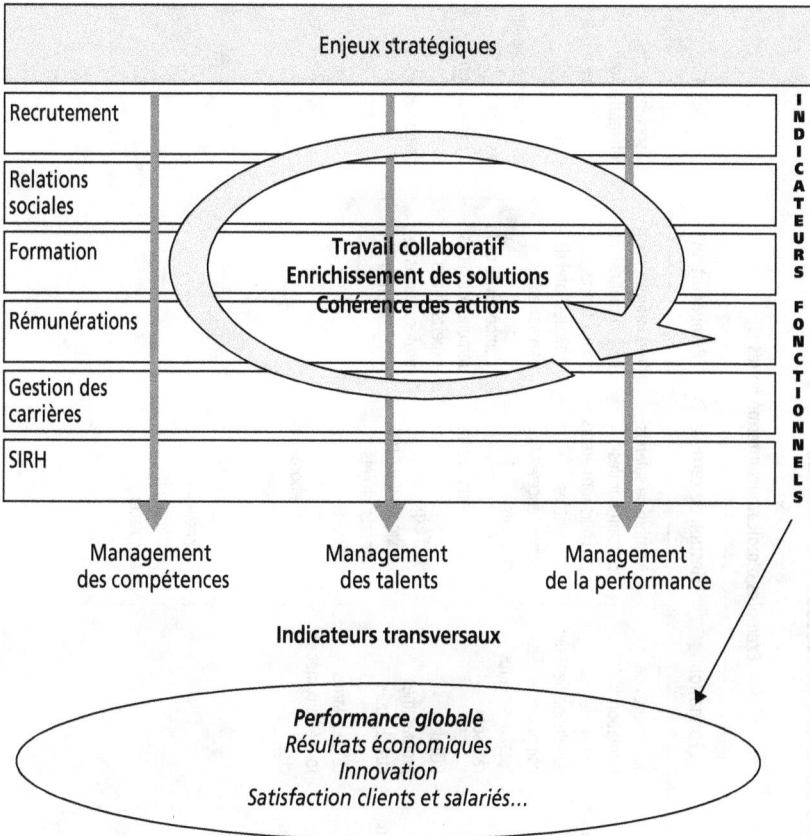

Représentation d'une démarche RH intégrée

Tableau de bord des processus transverses

Processus	Exemple d'indicateurs globaux	Exemples d'indicateurs intermédiaires				
		Recrutement	Formation	Gestion de carrière	Rémunération	SIRH
Management des compétences	• Taux de couverture des compétences critiques • % d'employés ayant les compétences nécessaires pour atteindre les objectifs stratégiques	• Nombre de candidats sélectionnés à partir des compétences clés de l'organisation • % de salariés recrutés dans les métiers critiques/ total des besoins en compétences critiques • % d'experts recrutés conformément au plan	• % d'heures de formation consacrées au développement des compétences clés/ total des heures réalisées • ROI des programmes stratégiques • % de salariés formés aux métiers clés.	• Nombre de salariés passant par des parcours formateurs incluant les compétences critiques • % d'experts formés • % d'experts impliqués dans des tutorats, projets collectifs… • % de collaborateurs occupant des fonctions clés n'ayant pas de successeurs préparés à les remplacer	• % d'intéressement lié à la maîtrise des compétences critiques/total de la part variable • Compétitivité de la rémunération des experts et des professionnels de l'organisation	• Disponibilité des référentiels de compétences mis à jour • % de connexions sur les sites d'information métier, compétences…

Tableau de bord des processus transverses (suite)

Processus	Exemple d'indicateurs globaux	Exemples d'indicateurs intermédiaires				
		Recrutement	Formation	Gestion de carrière	Rémunération	SIRH
Management des performances	• VA/effectif moyen • % d'objectifs stratégiques atteints	• % de nouveaux recrutés jugés performants après 1 an • % de nouveaux recrutés ayant participé au parcours d'intégration/total recrutés	• % de stagiaires ayant amélioré leur niveau de performance après la formation • % de managers formés à l'évaluation des performances • % de managers formés à l'animation des équipes	• % de salariés performants satisfaits de leur gestion de carrière • % de salariés mutés en interne estimés performants dans leur nouvelle mission	• % des managers récompensés en fonction de leurs capacités de leader • % de salariés ayant bénéficié d'un intéressement lié au niveau de performance	• % de salariés ayant accès à leur dossier d'entretien annuel par intranet • % de salariés intégrés dans un processus d'auto-évaluation informatisé
Management des talents	• Nombre de « talents » recrutés/total besoins de recrutement • Taux de fidélisation des talents • Taux de talents promus en interne/recrutement externe	• Qualité de l'image employeur • % de talents recrutés démissionnant dans l'année • % de talents recrutés/total besoin • % de managers satisfaits des recrutements réalisés	• % de talents, HP, experts formés chaque année/total population HP, experts et talents • % de jeunes talents coachés • % de projets de formation individualisés/total formation catalogue proposée	• % de salariés promus à une position supérieure/total des postes à responsabilités à pourvoir • % de salariés reçus en entretien de carrière • % de projets de carrière planifiés mis en œuvre/total des projets	• % de la part variable des managers consacrée à la promotion interne des talents	• % de connexion à la base de données des postes • % de candidatures internes déposées via le site/total des mobilités internes

IV

Évaluer le système de pilotage et en assurer le succès

Lorsque les tableaux de bord avaient pour unique vocation de contrôler la conformité des résultats vis-à-vis des prévisions, le système de mesure était relativement simple à concevoir et à réaliser. La montée de l'incertitude et les bouleversements auxquels doit faire face l'entreprise exigent du management de passer d'un processus de contrôle à un réel système de pilotage.

L'efficacité des tableaux de bord repose sur leur proactivité, leur capacité à accompagner les évolutions et l'adaptation des décisions. Le temps joue un rôle fondamental dans le processus décisionnel. Les tableaux de bord ne sont plus des outils de vérification situés pendant ou après l'action, mais des outils de prévision précédant la décision. Ils accompagnent les décisions en temps réel.

Les indicateurs RH contenus dans les différents tableaux de bord seront évalués en fonction de leur apport pour la prise de décision. L'évolution du turnover, l'augmentation du temps nécessaire pour recruter tel type de profil, l'incidence de la pénurie de certaines compétences sur la performance et la masse salariale, des changements significatifs constatés sur le

niveau d'engagement et de productivité des salariés sont
autant de clignotants à activer pour adapter les décisions
relatives au capital humain.

Les indicateurs RH, dans un deuxième temps, permettent de vérifier, en fonction de résultats clairement identifiés, la pertinence des
actions engagées. Doit-on persister dans l'action, la réorienter ou
changer purement et simplement de tactique ? Ainsi, le système de
pilotage RH appuie le déploiement de la stratégie RH et de l'entreprise. Il intègre, nous l'avons vu, les obligations financières et les
enjeux sociaux. Il favorise la réactivité tout en aidant l'entreprise à
garder le cap et à conserver ses valeurs. La confiance des partenaires,
clients, actionnaires, managers et salariés repose sur la capacité de
flexibilité et d'innovation de l'entreprise, son aptitude à changer,
tout en maintenant sa cohérence stratégique, et sans perdre son
âme.

Les indicateurs sélectionnés doivent donner une idée précise des
performances non seulement de la fonction RH, mais de l'ensemble
du personnel à court, moyen et long terme : ce que les Américains
appellent la *Workforce Scorecard*, le pilotage centré sur le management du capital humain, par rapport à la *HR Scorecard*, centrée sur
l'efficacité des processus et sur les compétences des professionnels de
la fonction. L'efficacité du pilotage des processus conduisant à la
performance vérifiable de l'ensemble du personnel.

La valeur ajoutée des salariés, le niveau d'engagement,
l'aptitude aux changements, la capacité d'innovation, la
qualité du leadership sont autant de paramètres qui
permettent de juger l'efficacité de la stratégie RH et de son
système de pilotage. La mise en place d'une démarche de
pilotage doit obéir à des principes simples de mise en œuvre ne
laissant aucun des responsables RH, qu'il soit opérationnel ou
fonctionnel, en dehors du système. Les managers
opérationnels doivent être étroitement impliqués
et informés des mesures et des résultats.

Les critères d'évaluation

L'évaluation du système de pilotage repose sur un ensemble de critères tout aussi essentiels les uns que les autres :

- **La prédictibilité.** Le processus de pilotage permet-il d'identifier les risques et les évolutions qui toucheront à court ou moyen terme le capital humain de l'entreprise ?

- **La réactivité.** Le cycle et les données du système facilitent-ils les décisions à prendre face à de nouvelles situations ?

- **L'alignement sur la stratégie de l'entreprise.** Les différents tableaux de bord RH intègrent-ils les orientations stratégiques de l'entreprise et en facilitent-ils le déploiement ?

- **La performance de la fonction RH.** Le management peut-il contrôler la performance et la création de valeur globale (économique, sociale et sociétale) des pratiques et des outils RH ?

- **La cohérence des actions RH.** Le processus de pilotage améliore-t-il la cohérence des actions RH engagées au niveau des différentes directions ? Favorise-t-il la synergie au sein même de la fonction RH entre les différents centres d'expertise et avec les RRH opérationnels ?

- **La professionnalisation des membres de la fonction RH et des managers.** Le système de mesure est-il une source d'amélioration et d'adaptation des compétences et des processus RH ?

Vaste programme qui demandera du temps et de la patience.
Le pilotage RH en est à ses débuts dans la grande majorité des
entreprises. Pour certaines, il représente un véritable saut
culturel qui nécessite un nouveau positionnement de la DRH
et de nouvelles compétences.

Les premiers signes d'évolution seront visibles lorsque le regard que
portent les managers sur la fonction RH changera : dès que les
opérationnels pourront effectivement contrôler l'impact des actions
RH sur les résultats économiques, ce qui est nouveau, et sur les
résultats sociaux.

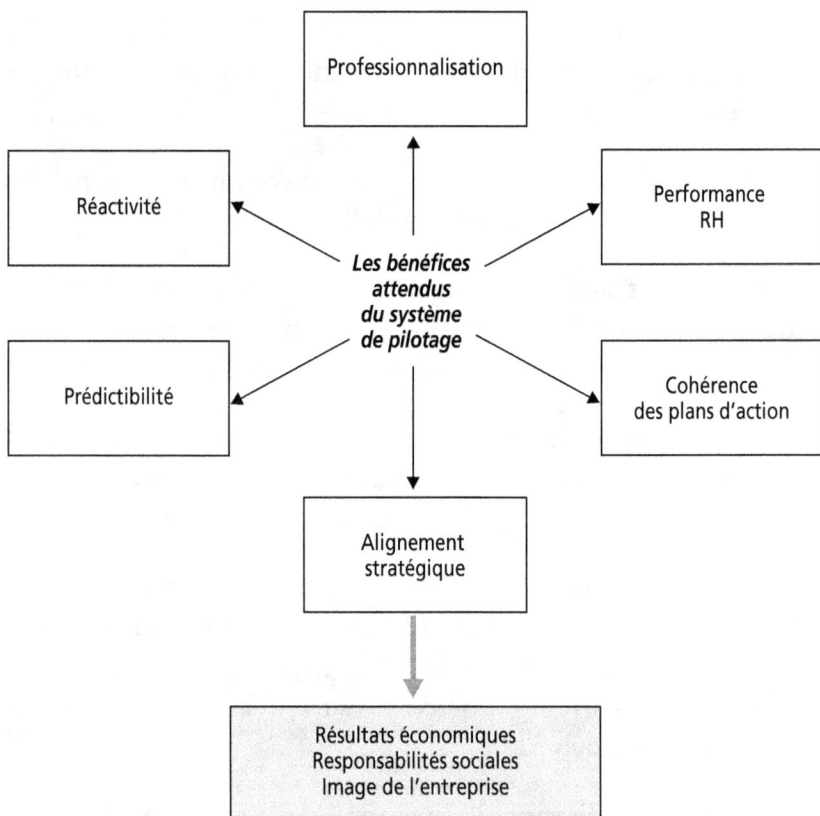

```
                    ┌──────────────────────┐
                    │ Professionnalisation │
                    └──────────────────────┘
                                ▲
   ┌──────────────┐             │            ┌──────────────┐
   │              │◄──┐         │         ┌─►│ Performance  │
   │  Réactivité  │   │ Les bénéfices       │     RH       │
   │              │   │ attendus            └──────────────┘
   └──────────────┘   │ du système
                      │ de pilotage
   ┌──────────────┐   │            ┌──────────────┐
   │              │◄──┘       ┌───►│  Cohérence   │
   │Prédictibilité│           │    │des plans d'action│
   └──────────────┘           │    └──────────────┘
                              │
                    ┌──────────────────┐
                    │   Alignement     │
                    │   stratégique    │
                    └──────────────────┘
                              │
                              ▼
                    ┌──────────────────────────┐
                    │ Résultats économiques    │
                    │ Responsabilités sociales │
                    │ Image de l'entreprise    │
                    └──────────────────────────┘
```

Les axes d'évaluation

La performance du système d'information RH

La performance du système d'information représente l'un des atouts majeur du processus de pilotage.

Le responsable SIRH va proposer et mettre en œuvre les solutions techniques qui lui paraissent le mieux adaptées pour garantir la fiabilité des données, l'accessibilité aux informations, la collecte, le traitement et le stockage des données, les outils d'analyses, de simulations et de requêtes… En amont, les principes de construction du processus de pilotage doivent être définis par le DRH qui aura à préciser ses attentes et ses besoins.

Le rôle du DRH

Le DRH interviendra à différents niveaux :

- À partir du cadre budgétaire de l'entreprise, il déterminera les indicateurs RH spécifiques qu'il souhaite suivre. Par exemple : le coût du turnover, la productivité de tout ou partie des effectifs, les effets du vieillissement de la population sur le résultat, les ROI de telle ou telle pratique, ou tel programme RH… Il aura tout intérêt à prendre en considération les différents indicateurs sur lesquels s'appuient la direction générale et les directions opérationnelles pour contrôler les résultats de l'entreprise. Les critères de mesure RH choisis devront être cohérents avec le système et les habitudes de contrôle des managers. Certains seront plus sensibles à tel ou tel indicateur, la réelle valeur ajoutée du système de mesure RH sera estimée en fonction de la complémentarité ou de la cohérence des indicateurs RH.

Ce point nécessite une bonne compréhension de la culture de l'entreprise, de ses principes et standards de gestion. Seul le DRH en contact direct avec les membres du comité de direction peut délivrer cette analyse.

- Il cadrera et orientera le système de pilotage : il développera une vision d'ensemble, précisera les niveaux et la fréquence des reportings RH, les destinataires, le nombre optimal d'indicateurs par niveau d'analyse, il déterminera avec les experts RH les grandes catégories d'indicateurs des processus clés.

- Il prendra en compte les limites techniques : capacité de stockage, de calcul, de réseau…

- Il devra accepter et faire accepter l'incertitude de certains calculs : il n'exigera pas une précision mathématique consommatrice de temps et inutile, mais se contentera d'ordres de grandeur basés sur des données fiables qui seront tout aussi efficaces pour prendre des décisions.

- Sans en faire des spécialistes, il donnera à ses équipes RH une culture économique et statistique suffisante pour établir et utiliser les tableaux de bord.

Le rôle du SIRH

Les orientations techniques

À l'intérieur du cadre fixé par la DRH, le responsable SIRH va organiser la collecte et le traitement des données. Les progrès technologiques réalisés dans le domaine informatique permettent de stocker d'énormes volumes de données, de bénéficier d'importantes capacités de réseau et de puissants outils de calcul. L'enjeu pour le SIRH est de savoir comment utiliser ses informations pour répondre aux attentes de pilotage de la DRH. Il faut traiter les données, les corriger, les interpréter pour en extraire l'information : cela suppose des compétences en statistique et en économie.

Il existe aujourd'hui des logiciels interactifs qui accompagnent le pilotage stratégique. Ils permettent de gérer de façon participative la performance des outils RH et des processus. Les diverses fonctionnalités sont utilisées pour réaliser les analyses multifactorielles, les opérations de reporting et de consolidation, pour faciliter l'élaboration des tableaux de bord.

Les logiciels collaboratifs et les outils Web facilitent la communication stratégique vers les RRH et aux managers, à tous les niveaux de l'organisation, et le développement d'une vision partagée des objectifs stratégiques, financiers et opérationnels. Ce sont les *corporate performance management softwares.*

> L'accès des informations est élargi à un plus grand nombre de responsables qui peuvent ainsi comprendre et réagir directement aux objectifs fixés.

La cohérence des données

Les données utilisées pour le pilotage proviennent de différentes sources, comme nous l'avons vu plus haut. Les entreprises qui bénéficient d'un système d'information unique sont rares : il faut travailler avec des briques de système plus ou moins homogènes.

> Le responsable du SIRH contrôle la cohérence des données issues des différentes applications avant de les traiter et de les transmettre aux responsables RH.

L'évolution de l'architecture technique et fonctionnelle des systèmes de pilotage a apporté de la rigueur dans l'organisation des échanges de données. Le référentiel de l'entreprise spécifie les modes de calcul des indicateurs communs, les tables de références par pays, sociétés… et la structure des axes du système de pilotage.

L'intégration des évolutions

Pour assurer sa réactivité, le système de pilotage doit pouvoir anticiper les évolutions – changement de périmètre de l'entreprise, réorganisation des effectifs, rachat de société… – et assurer les retraitements nécessaires des données historiques ou prévisionnelles. Tout en réalisant ces différentes adaptations, il doit conserver la cohérence du dispositif global.

L'exploitation des informations

Les requêtes complexes nécessitant des applications sophistiquées ne peuvent être réalisées que par les spécialistes SIRH. Il est intéressant de proposer des outils de requête assez simples aux RRH et aux experts de la fonction afin de leur permettre de réaliser eux-mêmes les analyses dont ils ont besoin, et de les communiquer en interne ou en externe à leurs différents interlocuteurs.

Les SIRH sont souvent submergés de demandes de requêtes et d'analyses qu'ils ne peuvent pas toujours satisfaire dans les délais souhaités. Au lancement du système, la mise en place d'un comité de pilotage s'avère souvent nécessaire pour prendre en compte les problèmes techniques et les besoins des RRH, fixer les règles d'utilisation, définir les objectifs et les indicateurs de performances du SIRH propres à l'outil de pilotage. Les RRH chargés de proposer des indicateurs doivent être conseillés par le responsable SIRH afin d'éviter de recréer sous un autre nom des indicateurs déjà présents dans le système.

La communication des données

L'existence d'un portail RH facilite la communication des tableaux de bord, des indicateurs et des analyses vers l'ensemble des responsables opérationnels et des experts de la fonction. Le DRH et le SIRH doivent, tout en diffusant largement l'information, conserver la maîtrise des données et contrôler leur confidentialité.

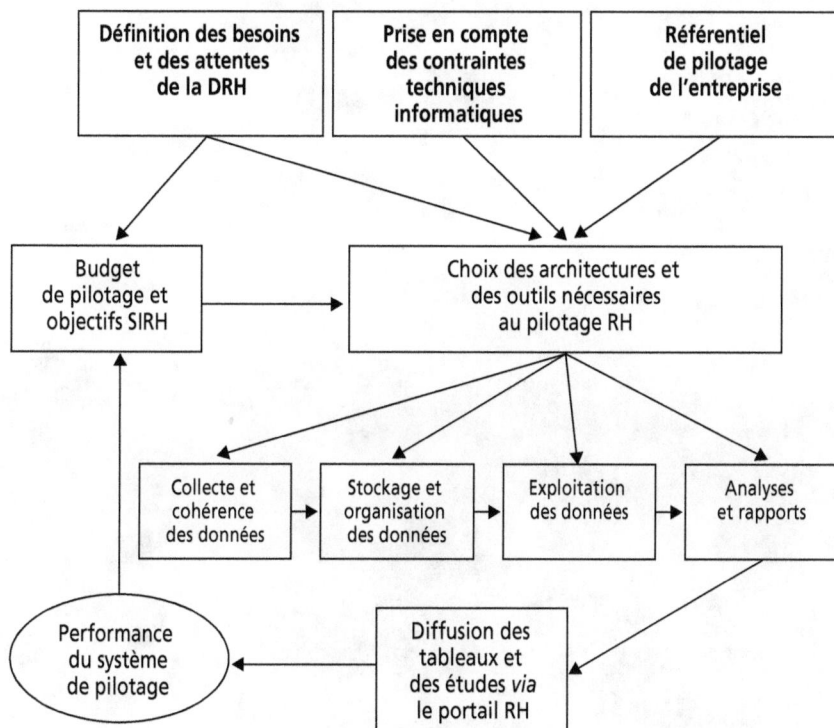

```
┌────────────────────┐  ┌────────────────────┐  ┌────────────────────┐
│  Définition des    │  │  Prise en compte   │  │    Référentiel     │
│  besoins et des    │  │  des contraintes   │  │    de pilotage     │
│  attentes de la    │  │    techniques      │  │  de l'entreprise   │
│       DRH          │  │   informatiques    │  │                    │
└────────────────────┘  └────────────────────┘  └────────────────────┘

┌────────────────┐      ┌────────────────────────────────────┐
│    Budget      │      │    Choix des architectures et      │
│  de pilotage   │ ───► │    des outils nécessaires          │
│ et objectifs   │      │      au pilotage RH                │
│     SIRH       │      └────────────────────────────────────┘
└────────────────┘

┌──────────┐   ┌──────────┐   ┌──────────┐   ┌──────────┐
│ Collecte │   │ Stockage │   │Exploita- │   │ Analyses │
│    et    │──►│    et    │──►│  tion    │──►│    et    │
│cohérence │   │organisa- │   │   des    │   │ rapports │
│des       │   │tion des  │   │ données  │   │          │
│données   │   │données   │   │          │   │          │
└──────────┘   └──────────┘   └──────────┘   └──────────┘

  ⬭                ┌────────────────┐
 Performance       │ Diffusion des  │
 du système    ◄── │  tableaux et   │
 de pilotage       │  des études    │
  ⬭                │  via le        │
                   │  portail RH    │
                   └────────────────┘
```

L'évaluation du système de pilotage

L'apport de la direction financière

La direction financière a la responsabilité de la qualité du système de pilotage de l'entreprise. À ce titre, elle conseille, accompagne et contrôle la réalisation des tableaux de bord des différentes directions. Dans la plupart des sociétés, le pilotage de la fonction RH est récent. La DRH doit travailler en étroite relation avec les équipes de contrôle de gestion pour acquérir les connaissances nécessaires à la réalisation des tableaux de bord, intégrer les procédures internes, identifier les indicateurs et construire le système de mesure.

Il existe aujourd'hui de nombreuses formations économiques et financières destinées aux responsables RH. Ces cycles d'initiation sont indispensables pour acquérir des bases en gestion financière. Des sessions de formation interne animées par les contrôleurs de l'entreprise peuvent compléter ces formations en mettant l'accent sur la spécificité de l'entreprise.

En 2005, près de la moitié des entreprises avait déjà mis en place une gestion explicite d'au moins une composante immatérielle de leur activité : la communication, l'innovation, la R&D ou la protection de la propriété intellectuelle.

Les actifs immatériels sont fondés sur le capital humain dont, on le sait, la valorisation est délicate. Les nouvelles normes comptables ont permis de mettre au point des techniques de valorisation de certains actifs incorporels comme les brevets et les marques. L'objectif est de parvenir à valoriser le savoir-faire des équipes. Le système de pilotage doit permettre de vérifier les bénéfices retirés de l'investissement dans les pratiques de GRH.

Une étude récente publiée par ISR (International Survey Research) met par exemple en évidence l'influence du niveau d'engagement des salariés sur la marge. Pour mesurer le niveau d'engagement, ISR prend en compte deux types de données : la fidélité des salariés à l'entreprise et les recommandations qu'ils peuvent faire pour inciter les personnes de leur réseau à rejoindre l'entreprise (la cooptation).

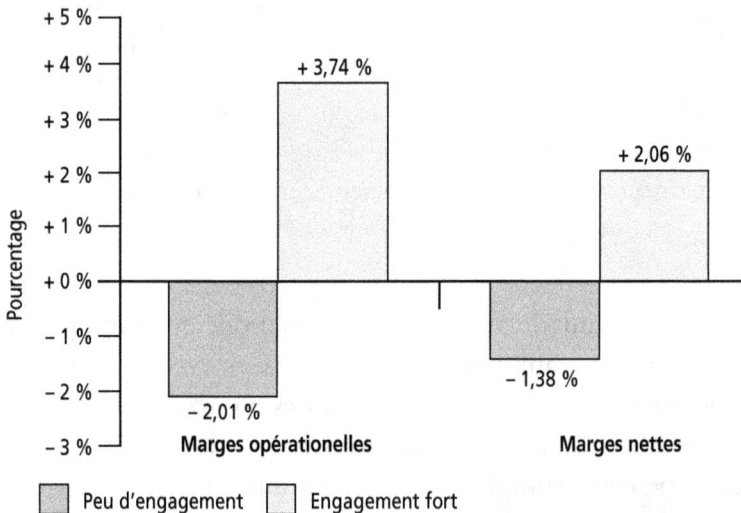

Source : ISR/Employee commitment in Europe

Pour éviter les interprétations subjectives, les contrôleurs de gestion doivent contribuer à l'établissement des critères de performance des tableaux de bord RH. La mesure de rentabilité d'un investissement RH peut être constatée ou anticipée. Dans ce dernier cas, les bénéfices potentiels de la pratique RH seront simulés.

Les conditions de succès

Le tableau de bord RH doit s'inscrire dans une stratégie précise. L'absence d'orientations stratégiques clairement formulées, une mauvaise compréhension de la stratégie par les employés et une adhésion insuffisante du management rendent les tableaux de bord à peu près inutiles. Le système de pilotage est l'un des leviers du déploiement stratégique, à condition que la stratégie soit explicite au moins au niveau des directeurs, et en particulier du DRH. Le premier enjeu du DRH qui souhaite mettre en place un système de pilotage consiste souvent à convaincre sa hiérarchie de la nécessité de formaliser et communiquer sa stratégie. La stratégie RH doit s'exprimer concrètement et se décliner auprès de chaque entité de l'entreprise en objectifs précis indiquant les orientations à suivre.

Les entreprises ont l'habitude de mesurer la performance de l'entreprise en termes économiques et financiers. Le pilotage RH doit à la fois intégrer cette dimension, nouvelle pour la fonction, et la dépasser. Il s'agit d'apporter à l'ensemble des décideurs les moyens de développer leur capital humain en fonction des orientations stratégiques et des obligations de résultat économique et social de l'entreprise.

Les indicateurs ne doivent pas être trop généraux ni éloignés des possibilités d'action des managers ou des RRH concernés. Si ces derniers ne possèdent pas les moyens d'agir sur l'objectif, l'indicateur ne sert à rien. Le recours au principe d'objectif SMART est souvent salutaire. Il n'est jamais inutile de rappeler que les objectifs doivent être Spécifiques, Mesurables, Atteignables, Réalistes et planifiés dans le Temps. Pour éviter de créer de la confusion, le tableau de bord doit contenir un nombre d'indicateurs raisonnable.

La mise en place des premiers tableaux de bord RH nécessite un important travail d'équipe à tous les niveaux : équipes RH et directions opérationnelles. Au démarrage du processus, il est important que la DRH, conseillée par la direction financière, donne l'impulsion des changements à opérer pour piloter les plans d'action RH et contrôle la rigueur mise dans la construction des tableaux de bord.

La mesure du résultat RH et, notamment, l'évaluation de sa contribution sur un résultat opérationnel exigent de la part du responsable RH la mise en œuvre d'actions spécifiques et de compétences particulières.

Les compétences à développer par les professionnels de la fonction

Elles sont diverses :

- **L'analyse et l'anticipation des besoins.** Aujourd'hui, la réelle valeur ajoutée de la fonction RH se situe en amont, dans la fonction de conseil auprès du management pour anticiper les problèmes et définir efficacement les besoins. La prise en charge technique et la réalisation de l'action RH peuvent être sous-traitées, qu'il s'agisse de recrutement, de formation, d'élaboration d'un système de rémunération ou de la conduite d'un projet RH. Le conseil doit dépasser la simple prise en compte de la demande du manager. L'expertise du professionnel RH, au-delà des qualités d'écoute, repose sur la maîtrise des problématiques humaines et sociales et la capacité à intégrer les enjeux économiques de l'entreprise.

- **L'identification des coûts.** Le RRH doit avoir la vision la plus exacte possible des coûts afférents à une action RH (formation, mobilité, recrutement) ou à un dysfonctionnement RH (turnover, démobilisation, insatisfaction, perte de compétences critiques…). Cette évaluation doit intégrer les coûts directs et les coûts cachés qui sont souvent bien plus importants et pénalisants pour l'organisation que les premiers. Cette maîtrise des coûts est indispensable pour mesurer la contribution exacte de l'action RH et influencer la décision des managers.

- **L'optimisation des budgets RH.** C'est la dimension sûrement la mieux maîtrisée aujourd'hui par les professionnels de la fonction, qui ont été confrontés depuis ces dernières années aux exigences de réduction des dépenses.

- **La détermination des indicateurs de mesure du résultat.** Il n'y a pas d'impossibilité technique à trouver un indicateur révélateur de la performance d'une action RH. Les exemples cités dans cet ouvrage donnent des pistes de réflexion. Il en existe bien d'autres. Le choix de l'indicateur et du résultat auquel contribue l'action nécessite une approche rigoureuse. Il s'agit d'identifier les différents paramètres techniques et organisationnels influant sur le résultat considéré et de préciser l'horizon d'analyse.

- **L'acceptation de l'incertitude et du risque.** L'entreprise est un système complexe agissant dans un environnement incertain. S'engager sur des indicateurs de résultat et un niveau de performance représente un risque. Malgré les efforts réalisés, la qualité même des prestations, l'objectif n'est pas toujours atteint. C'est le lot de tous les responsables de l'entreprise. C'est aussi une source d'exigence et d'implication qui favorise le progrès. C'est, pour le RRH, accepter de se confronter aux aléas des affaires et des renversements de tendances. Démontrer sa volonté de partager le risque avec les opérationnels.

Les critères d'évaluation

Le système de pilotage permet en premier lieu d'optimiser la prise de décision. Le management peut donc évaluer le système de pilotage en fonction de la disponibilité des informations nécessaires à la décision, de leurs délais d'actualisation, et de la qualité des données.

Retenons trois catégories d'indicateurs de performance :

- **La satisfaction des managers et des RRH** qui peut être vérifiée par enquête interne ou mesurée selon l'intérêt porté au pilotage RH. Celui-ci peut être estimé en fonction de la fréquence des consultations, et des mises à jour des tableaux de bord RH.

- **La qualité des données prises en compte :**

  - La pertinence. Il s'agit d'évaluer la valeur de l'information, sa cohérence par rapport aux résultats que cherche à obtenir le RRH ;

  - l'exactitude. Le résultat du calcul doit s'appuyer sur des quantités réelles et ne pas comporter d'erreur ;

  - l'accessibilité. Le format offert, le support de diffusion, la disponibilité des informations doivent faciliter l'accès à l'information : le RRH, l'expert ou le manager savent où trouver l'information et comment l'utiliser ;

  - la possibilité d'interprétation. Les RRH doivent pouvoir facilement utiliser, comprendre et analyser les données. La possibilité d'interprétation s'appuie sur la justesse des concepts, des définitions et des populations cibles ;

  - la cohérence. Les données regroupées dans les analyses statistiques forment un ensemble logique et complet.

- **La qualité des décisions RH.** Bien que ce critère dépasse largement le simple fait d'avoir mis en place un système performant, on peut cependant estimer que le pilotage de la fonction favorise la qualité des décisions RH.

Le tableau ci-contre indique des exemples d'indicateurs de mesure du pilotage en fonction des vecteurs de valeurs présentés plus haut.

À ce jour, peu d'entreprise tente de calculer le ROI de leur système de pilotage. La plupart estiment que le retour sur investissement s'apprécie en fonction de la pertinence des informations qui leur ont permis de prendre des décisions et la qualité des contrôles qu'ils ont pu opérer.

**Les indicateurs de création de valeur
du système de pilotage**

Les vecteurs de création de valeur	Quelques exemples d'indicateurs
Prédictibilité	◦ Ratio de fiabilité des prévisions : par exemple, coûts d'acquisition des nouveaux métiers prévus/coûts réels ◦ Fiabilité de l'analyse des risques liés aux opérations de fusion ou de cession ◦ % de successeurs potentiels identifiés sur les postes clés/successeurs réellement désignés ◦ Fiabilité des calculs d'incidence du turnover ou d'une campagne de recrutement sur la satisfaction client
Réactivité	◦ Délais de correction des dérives, des écarts par rapport aux objectifs RH stratégiques
Alignement stratégique	◦ % d'indicateurs stratégiques/total indicateurs RH ◦ % de tableaux de bord opérationnels incluant les objectifs RH stratégiques ◦ Mise sous contrôle des activités stratégiques dans les tableaux de bord RH
Performance RH	◦ Frais de personnel/effectif moyen ◦ Niveau de satisfaction des managers, des salariés concernant la fonction RH ◦ Coût du turnover, de l'absentéisme, des accidents du travail… ◦ VA/effectif moyen ◦ Niveau d'engagement des salariés
Cohérence des actions RH	◦ Nombre de tableaux de bord processus transverses/total tableaux de bord RH

La communication des résultats RH : le marketing RH

Pour attirer et retenir les talents, mais aussi pour conserver la confiance des salariés, des clients, des investisseurs, des partenaires sociaux et des administrations de tutelle, les entreprises ont à promouvoir leur stratégie RH et à convaincre de son efficacité. C'est la vocation du marketing RH.

> Comme pour les produits, il s'agit de mettre en avant et démontrer les avantages compétitifs de la politique ressources humaines.

Dans le domaine RH, la communication porte généralement sur l'événementiel, les projets, les politiques au sens large. Chaque entreprise affiche sa volonté de bien traiter son personnel, le discours porte sur les moyens mis en place pour gérer les carrières, reconnaître, développer et récompenser les talents, garantir des rémunérations et des avantages sociaux attractifs… À ces grands classiques, se sont ajoutées ces dernières années les propositions de prestation périphériques : assistance pour remplir des documents administratifs, salle de sport, crèche…

L'époque étant au scepticisme ambiant, salariés et candidats affichent face à ces déclarations un enthousiasme mesuré. C'est particulièrement vrai pour les jeunes générations auxquelles « on ne la fait pas ». L'expérience vécue par leurs aînés et leur premier contact avec l'entreprise, qui refuse de les recruter en CDI avant 30 ans, les ont rendus méfiants.

Quant aux salariés, lorsqu'ils découvrent que leur quotidien ne ressemble pas au modèle affiché, leur déception peut affecter durablement leur motivation et leur engagement. Ils ne quittent pas systématiquement la société, beaucoup restent sans obligatoirement donner le meilleur d'eux-mêmes.

> Les promesses ne suffisent plus, il faut communiquer sur du concret. Les informations contenues dans les tableaux de bord apportent les preuves tangibles de l'efficacité du système. Le pilotage vient au secours du marketing RH pour démontrer et prouver.

Les règles de la communication en marketing RH

Il est important d'adapter les messages en fonction de la cible et des sujets traités, tout en contrôlant la cohérence et la complémentarité des politiques exposées. Pour la DRH, il est capital de centrer sa communication sur les objectifs essentiels et d'éviter de se disperser.

Le contenu et la forme adoptée varient selon la finalité du message. Les informations RH peuvent être sélectionnées pour :

- **Défendre la notoriété de l'entreprise, rassurer les clients et les actionnaires.** Le marketing RH et le marketing social, à ce niveau, impliquent la direction générale et l'ensemble des cadres dirigeants. Le marketing RH met en valeur les résultats obtenus en ce qui concerne la satisfaction des salariés, leur niveau d'engagement, le climat social, les résultats de la politique de formation et de mobilité, le niveau d'employabilité du personnel, la diversité des recrutements, les résultats relatifs aux actions de développement durable…

- **Attirer les jeunes talents.** La communication s'appuie sur les médias et les relations avec les écoles, puis sur l'ensemble des recruteurs, professionnels RH et managers de l'entreprise qui doivent être parfaitement informés des résultats à communiquer : les délais de réponses aux candidatures, les statistiques de mobilité dans les premières années de carrière, le turnover des nouveaux embauchés, le nombre de jeunes formés chaque année…

- **Démontrer aux salariés l'engagement de leur entreprise pour soutenir leur évolution professionnelle.** L'utilisation des journaux internes et, de plus en plus fréquemment, des portails RH permet d'afficher les résultats individuels et collectifs de la fonction RH. Chaque salarié, en un clic, peut consulter ses dates de congés et ses inscriptions aux stages, mais également avoir le récapitulatif des formations qu'il a suivies, de ses augmentations, promotions… consulter les offres de poste, mais aussi les statistiques de mobilité ou de formation de sa famille professionnelle ou de sa tranche d'âge.

Les réseaux sociaux

Vecteurs de communication incontournables pour l'entreprise, ils sont devenus en quelques années un outil de marketing RH primordial qui vise à développer la marque employeur, à attirer les talents et à renforcer l'image interne. Facebook, Viadeo, Twitter, LinkedIn, YouTube élargissent le champ de communication vers une multitude de profils. Ainsi, créée en mai 2011, la page Facebook dédiée au recrutement de l'Armée de l'air comptabilise près de 300 000 fans et draine 5 % des candidatures nécessaires aux 13 000 recrutements annuels. Pour le colonel Jean-Philippe Conégéro, responsable de la communication de recrutement de l'Armée de terre, le plus remarquable est « l'intensité des échanges entre les internautes eux-mêmes : lorsque l'un d'entre eux pose une question, en plus de notre réponse, parfois même avant, un autre internaute apporte des éléments, souvent très concrets et riches ». Les salariés motivés peuvent faire la promotion de l'entreprise au sein de leurs propres réseaux. La qualité des informations véhiculées par les réseaux sociaux externes ou internes à l'entreprise devient un enjeu stratégique pour la marque employeur et au-delà pour l'image globale de l'entreprise.

Il s'agit de mesurer l'efficacité de la stratégie marketing RH au travers des réseaux sociaux :

- Nombre d'articles parlant de l'entreprise et de la stratégie RH, nombre de témoignages de salariés (mesure du *buzz*) ;

- popularité de la marque employeur dans les réseaux (nombre de visiteurs, nombre de fans…) ;

- nombre ou pourcentage de commentaires positifs postés par les salariés comparés aux concurrents ;

- nombre de recommandations, pour l'entreprise ou pour un poste, faites à un ami par un salarié *via* les réseaux sociaux (efficacité de la cooptation) ;

- pourcentage de CV obtenus *via* les réseaux, qualité des candidatures (nombre de candidats retenus/total des candidatures) ;

- attractivité des informations véhiculées sur Internet (nombre de nouveaux visiteurs, temps passé sur les pages, nombre de visiteurs revenant plusieurs fois, nombre de « *likes* », « *shares* » et « *embeds* »).

Les réseaux d'entreprise, lorsqu'ils sont construits et animés efficacement, tissent un lien social propre à développer l'engagement des salariés et leur performance. Les études conduites notamment par le cabinet Gartner démontrent que l'implication du management dans le suivi des projets est un facteur essentiel de réussite. Leur motivation sera d'autant plus forte que les résultats leurs seront régulièrement communiqués.

Ces communications ne sont pas indépendantes les unes des autres, le salarié est souvent client, de plus en plus actionnaire, et souvent parent ou conjoint d'un candidat.

La communication doit être cohérente tout en répondant de façon ciblée aux attentes d'informations.

Quelques exemples d'informations RH par cible

Les cibles de communication	Les indicateurs
Les investisseurs, les clients, les pouvoirs publics	Niveau de satisfaction des salariés Niveau d'engagement des salariés Employabilité des salariés % de salariés formés chaque année Nombre de brevets déposés Nombre de projets d'innovation générés par les salariés Diversité des recrutements…
Les candidats	Délais de réponses Turnover % d'heures de formation par salarié, par tranche d'âge % de mobilité annuelle par tranche d'âge Temps de passage moyen dans les postes Temps d'accès moyen à des postes de responsabilité % d'augmentation annuelle moyenne par tranche d'âge…
Les salariés	Statistiques mobilité par métier, tranche d'âge… Nombre d'heures de formation suivies individuellement depuis l'arrivée/moyenne des heures de formation suivies par la même catégorie d'employés % des postes pourvus en interne % des postes de management pourvus en interne…

Répondre aux attentes des interlocuteurs

Les attentes des salariés et des candidats ont évolué. L'enquête européenne menée par le Lab'Ho d'Adecco met en évidence ces évolutions, notamment en France. La rémunération ne serait plus la préoccupation numéro un des salariés. La grande majorité des Français interrogés mettent en avant l'intérêt du travail et la qualité de l'ambiance. Ils aimeraient, s'ils en avaient la possibilité, se former à de « nouvelles choses ». Il est clair que le besoin d'assurer le développement de leur « capital intellectuel » et de leur patrimoine est devenu la priorité numéro un des salariés, conscients que l'entreprise ne peut plus leur garantir un emploi à vie et qu'ils devront compter sur eux-mêmes pour assurer leur niveau de vie à la retraite.

Le salarié et le candidat sont devenus des « clients avertis » des services RH ; ils achètent ou n'achètent pas, leur fidélité n'est pas garantie, elle dépend des résultats constatés.

Conclusion

Selon une étude de la Banque mondiale, l'économie française est immatérielle à 86 %. Dans le monde occidental, la valeur intangible des entreprises cotées est devenue supérieure à leur valeur comptable. Les nouvelles normes comptables ont été établies pour mesurer précisément les actifs immatériels. Le capital humain porté par l'économie de la connaissance devient un des enjeux majeur de l'évaluation et de la réussite des entreprises. Quelle que soit la richesse immatérielle considérée – marque, brevet, processus, leadership… – elle repose sur l'efficacité du capital humain.

Le management des ressources humaines est au centre du dispositif économique, responsable de l'actif qui régénère tous les autres. Il est temps pour la fonction RH de sortir de son rôle technique et administratif pour devenir un partenaire stratégique, contribuant, au même titre que les autres, aux résultats économiques et sociaux de l'entreprise.

La mise en place d'un système de pilotage des ressources humaines révélateur de la performance des processus RH et de l'adaptation du capital humain s'impose comme une nécessité. En s'impliquant dans le processus de pilotage de l'entreprise, la DRH démontre sa contribution à la création de valeur économique, et favorise la prise en compte des indicateurs de création de valeur intellectuelle et sociale.

Les plans d'action RH alignés sur les orientations stratégiques de l'entreprise, cohérents entre les différentes fonctions RH et les entités opérationnelles, s'intègrent dans la chaîne de création de valeur globale. L'évaluation des résultats RH à court terme s'exerce dans le souci de préserver et préparer la performance du capital humain à moyen et long terme. Le développement du capital humain se réalise au jour le jour et dans la durée, le système de mesure traduit cette double nécessité.

Pour apporter une réelle contribution à la création de valeur, les RRH, tout en maintenant un niveau d'expertise technique indispensable à leur professionnalisme, doivent s'ouvrir à la culture économique et financière de l'entreprise, et développer une approche entrepreneuriale. La démarche de pilotage requiert des qualités de leader pour convaincre du bien-fondé des actions RH, de gestionnaire pour optimiser les investissements, d'entrepreneur pour innover et de stratège pour intégrer les évolutions de l'environnement. Le poste de DRH peut ainsi préparer à des missions de direction opérationnelle ou générale. Le passage par une fonction RH centrée sur la création de valeur globale constitue une étape essentielle à la préparation des futurs cadres dirigeants. À l'inverse, il serait souhaitable que les parcours de carrière des RRH passent par des missions opérationnelles et l'exercice du management de proximité.

Le positionnement stratégique et économique de la fonction RH implique de nouveaux modes de fonctionnement et de nouvelles compétences des professionnels RH :

- Mieux formés à la gestion économique et financière, il leur sera plus facile de modéliser et chiffrer le résultat des actions engagées pour développer le capital humain. Une organisation moins cloisonnée des services RH est indispensable à la mobilisation des équipes RH autour des objectifs communs de création de valeur.

- En démontrant leur performance, la démarche de pilotage facilitera le déploiement et l'appropriation des outils RH par le management de proximité. Aucun progrès ne pourra se faire sans qu'ils soient convaincus de l'intérêt des processus et mieux préparés à manager leurs équipes.

- Un travail étroit avec la direction financière permettra, principalement dans la phase de lancement, de valider la pertinence des indicateurs RH et des modes de calcul.

- Enfin, le SIRH devra s'organiser et développer les moyens adaptés au pilotage de la fonction.

Le pilotage RH ne part pas de zéro. Le bilan, les tableaux de bord sociaux, les indicateurs de performance existent depuis longtemps dans les entreprises. La démarche décrite dans ce livre intègre toutes ces approches et met un accent particulier sur la création de valeur qui ne se substitue pas aux autres dimensions, mais vient les compléter.

Les exigences de l'économie actuelle représentent une réelle opportunité pour la fonction RH. La mise en place d'un système de pilotage de la valeur globale favorise l'émergence de la dimension économique de la fonction, tout en préservant ses valeurs humanistes. Celles-ci seront d'autant mieux défendues que les DRH seront capables de démontrer leur contribution à la performance économique de l'entreprise.

Bibliographie

ABATÉ, René, *Trajectoires d'exception : à la découverte des plus grandes entreprises françaises*, Village mondial, 2002.

BECKER, Brian E., HUSELID, Mark A., ULRICH, Dave, *The HRScorcard*, Harvard Business School Press, 2001.

BOGLIOLO, Félix, *La Création de valeur*, Éditions d'Organisation, 2000.

BROCKBANK, Wayne, et ULRICH, Dave, *The HR Value Proposition*, Harvard Business School Press, 2005.

CADIN, Loïc, GUÉRIN, Francis, et PIGEYRE, Frédérique, *Gestion des ressources humaines*, Dunod, 2002.

CATTAN, Michel, IDRISSY, Nathalie, et KNOCKAERT, Patrick, *Maîtriser les processus de l'entreprise*, Éditions d'Organisation, 1998.

DELAFARGUE, Bertrand, et RIVARD, François, *Repenser le pilotage de l'entreprise*, Maxima, 2006.

FUSTEC, Alan, et MAROIS, Bernard, *Valoriser le capital immatériel de l'entreprise*, Éditions Organisation 2006.

HENRIET, Bruno, et IMBERT, Maurice, *DRH : tirez parti des technologies*, Éditions d'Organisation, 2002.

HUSELID, Mark A., BECKER, Brian E., BEATTY, Richard W., *The Workforce Scorcard*, Harvard Business School Press, 2005.

JAULENT, Patrick, et QUARÈS, Marie-Agnès, *Méthodes de gestion*, Éditions d'Organisation, 2004.

JUST, Bernard, *Du DRH au self-service*, L'Harmattan, 2006.

LAHILLE, Jean-Pierre, *Analyse financière*, Sirey, 2004.

LOCHARD, Jean, *Les ratios qui comptent*, Éditions d'Organisation, 2006.

MACK, Manfred, *Pleine Valeur*, INSEP Consulting Éditions, 2003.

MARCHAND-TONEL, Maurice, et DUCREUX, Jean-Marie, *Stratégie*, Éditions d'Organisation, 2004.

MARTORY, Bernard, *Tableaux de bord sociaux*, Éditions Liaisons, 2004.

PHILIPPON, Thomas, *Le Capitalisme d'héritiers*, Seuil, 2007.

RÉALE, Yves, et DUFOUR, Bruno, *Le DRH stratège*, Éditions d'Organisation, 2006.

SPENCER, Lyle M., *Reengineering Human Ressources*, Wiley, 1995.

TAÏEB, Jean-Pierre, *Les Tableaux de bord de la gestion sociale*, Dunod, 2004.

The Future of Human Resource Management: 64 Thought Leaders Explore the Critical HR, Mike Losey, Dave Ulrich et Sue Meisinger, 2005.